2020年大統領選挙後の世界と日本

After the United States presidential election of 2020

"トランプ or バイデン"アメリカの選択

Yuya Watase

渡瀬裕哉

すばる舎

本書は２０２０年８月28日までの事実に基づいて執筆されたものです。

はじめに

2020年6月、この本を書き上げる過程において、筆者は一つの問題意識に悩まされていた。それは「書籍を通じて訴えるべきことは何か」という基本コンセプトである。

書籍を仕上げる際、筆者が最も大事にするのは、読者が読み終わった後に「現在と未来について、正しい世界認識を持つこと」である。

すると、今度は「正しい」とは何か？という問題意識にたどり着く。

筆者が考える「正しさ」とは、誰もが「客観的に確認可能な根拠」に裏打ちされた主張のことだ。

これは非常に当たり前のことなのだが、残念ながら日本において、国際政治に関する書籍や論稿には、そのようなものが少ない。

現状の国際政治に関する書籍は、その筋の人々が、「ここだけの話」や「イデオロギー的に偏った戯言」を述べることでプレゼンスを獲得する、業《ごう》の深いビジネスに堕しているように思う。

筆者は、そのような類《たぐい》の書籍を書いて一儲けすることが、性格上できない。

そのため、世の中の裏側のことを知って、少し賢くなった気分を味わいたい人は、本書とは相性がよくないので、その手の人々のセミナーなどに大金を払って参加するべきだろう。

筆者の日常業務の一つは、金融機関向けの米国政治情勢のレクチャーである。情報を伝える対象相手は株式などの運用担当者であり、日々、結果が問われるシビアな環境で働いている人々だ。

彼らは確かな根拠に基づく見通しを求めているため、こちらもエビデンスを提示しながら見通しを伝えることになる。

筆者の見通しが「役に立たない」と判断された場合、この仕事は直《す》ぐに消えてなくなる厳しいものだが、幸いなことに、コロナ下の環境においても筆者のお客様は増え続けている。

2020年6月頃、筆者がオンラインメディアに寄稿した記事に、一つの反対記事が掲載された。それは日本の国際政治分析では名の知れた、外務省OBの日本人識者によるものであった。

その内容は「トランプか、バイデンかで米国政府の対中政策の内容が変わる」（つまり、日本の対米政策にも影響がある）という筆者の主張を「無関係な愚問」と切って捨てるものだった。

筆者は「日本の外交・安全保障関係者の知的レベルの低さ」に唖然とさせられた。

確かに、その識者が述べるように、米国の安全保障関係者は、対中抑止政策に大枠で舵を切りつつある。

米軍の方針は変化しており、その変化にはオバマ政権からトランプ政権で連続性があることも事実だ。

しかし、その事実だけをもって「トランプかバイデンかは無意味な問いである」という人物が、日本の外交政策に影響を与える可能性がある立場にいたことに絶句した。

仮に、筆者と同様の業務に就いていたなら即日、馘《クビ》になるレベルだろう。

米国は世界最大の軍事大国であるが、同時に世界最大級の民主主義国でもある。当然の前提として、米国の外交・安全保障政策には、米国の民主主義に基づくプロセスによる制約が存在する。

その民主主義による制約は、共和党・トランプ政権、民主党・バイデン政権を支える支持基盤の特徴によって変化する。

したがって、仮に国防総省によって安全保障政策戦略の方向性が示されたとしても、政権の性格の違いによって「正当性の確保」「予算の制約」「手段の選択」「対処の強弱」などの相違が生じる。そして、これらの違いは米国内の政局など、政治闘争の結果を反映することになる。

そのため、米国の方針を正しく理解するには、米国政府が公に開示する外交・安全保障関係の文書を読みこなし、外交・安全保障政策の専門家同士の意見交換を行うだけでは不十分なのだ。

クラウゼビッツの戦争論を引くまでもなく、戦争とは政治の延長線上でしかなく、分析対象国の国内政局を理解せずして、外交・安全保障政策を語ることは不可能なのである。

そこで、本書の狙いは「米国の政策に政局の変化が与える影響」を中心に解説していくことに定めた。

本書は読者に誰もが驚くようなトリビアを提供するものではない。代わりに、本書が読者に提供するのは、百家争鳴の外交・安全保障の有識者とされる人々の主張が「政治な背景から見て妥当かという物差し」である。誰が本当に妥当なことを言っているのかを判断するために、公開情報を中心に重要性が高いデータを収集・分析し、読者がその意味・解釈について理解できるようにまとめている。

また、本書の特筆すべきポイントとして、2016年トランプ政権誕生後の経緯を踏まえつつ、2020年大統領選挙以後の未来を規定する制約条件を整理し、その制約条件下で「米国の新政権がどのような行動を選択し得るのか」というシナリオを提示している点を挙げたい。

本書の内容は刺激的な未来を予言するものではないが、今後、本当に起きる可能性がある事象を知りたい人は、是非、ご一読賜れれば非常に嬉しく思う。

渡瀬 裕哉

目次

第2章 「ビフォー・コロナ」の政治状況を知る

第3章 新型コロナウイルス問題とジョージ・フロイド事件の影響

第4章 トランプ/バイデンの対中戦略とGAFA対応

第5章 2020年大統領選挙以後と米国の政権パターン

第6章 日本への提言
―四つの研究センターと近代政党の創設

第1章

FACTから得られる米国分析の視座

なぜ「トランプか、バイデンか」は重要なのか

米国大統領は世界最大の権力者である。大統領は世界最強軍隊の司令官であり、世界最大の経済力を持つ国家の指導者であり、世界中の民主国家の旗振り役でもある。

その米国の指導者が「誰になるのか」は、世界中の人々にとって、興味深い関心事であり、大統領候補は人生経歴、イデオロギー、思考、発言、人脈、資金源、人柄、リーダーシップ、その他諸々、あらゆる側面からの分析対象となる。

大統領選挙の年になると、大統領候補者らに関する賑やかな論考が、米国国内だけに留まらず、日本のように米国と密接な関係を持つ国でも話題になる。

そして、米国大統領に対する論評は、多様な分野の識者による専門的な議論から、市井の人々によるお茶の間の話題にまで、あらゆる場面で語られる。

一方で、米国大統領といえど、一人の行政官に過ぎないこともまた事実だ。

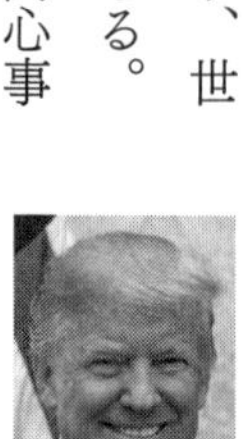
ドナルド・トランプ

ジョー・バイデン

したがって、彼が引き継ぐことになる過去の政府予算上の制約、行政計画上の制約、三権分立による政治体制上の制約などが存在し、独裁者のようにすべての物事について思いどおりの振る舞いが許されるわけではない。

例えば、トランプは自由奔放な大統領のように見えるが、彼が実際に取り得る行動には、われわれが想像する以上の制約が課されている。

むしろ、合衆国憲法の下で権力暴走を抑止されている米国大統領は、「世界で最も職務上の意思決定が不自由な政治指導者の一人」と言えるかもしれない。

大統領を取り巻く制約の側面から見ると、「誰が大統領になっても変わりがない」と思えるほど変化を起こすことは困難に思える。

特に専門家による分析は、仕事上の性質として、過去からの連続性の中で変化を追うことが多く、過去が与える制約を必要以上に強固なものとして捉える向きがあるため、本書冒頭で紹介した、外務省ＯＢ識者の見解のように「誰が大統領になっても、外交・安全保障において、プロの世界では既に結論が決まっている」というスタンスの論調を取ることが多い。

「トランプかバイデンか」で何が変わるのか？

では、米国大統領に関する分析の際、実際にはどのようなスタンスで臨むことが妥当だろうか。

筆者が自らの分析方針として採用しているのは、「大統領は所与の前提となる制約によって拘束されているものの、その制約自体を変革していく力を持っている」ということだ。

米国大統領も一人の人間であり、パーソナリティやシガラミなどの制約環境が政府の予算・行政計画に関する意思決定に影響を与える。

ただ、皆が大統領の一挙手一投足を見ながら行動しているため、大統領が何らかの意思決定を下すことにより、彼を取り巻く制約環境自体が大きく変わってしまうのだ。

したがって、大統領と制約環境は相互に影響を与え合いながら、徐々に変化していくのが実態だろう。

例えば、トランプ／バイデンの制約環境の違いによる意思決定が、１８０度違う結果をもたらす代表的な事例として「パリ協定」を挙げて検討してみよう。

パリ協定は、途上国を含むすべての参加国にCO_2の排出削減の努力を求める枠組みである。オバマ政権が中国やインドに批准を働きかける努力をした結果、2016年11月4日に発効している。

同協定に対して共和党は反対、民主党は賛成の立場を表明してきた。

トランプ大統領は、支持基盤である共和党保守派や化石燃料産業の意向に従って2017年にパリ協定の離脱を表明している。そして、同協定における中国などに宥《ゆう》和《わ》的な特別措置を批判しており、なおかつ中国産太陽光パネルの輸入に関してもセーフガードを発令している。

また、トランプ大統領の環境規制緩和方針に従って、米国はエネルギー資源の純輸出国となっており、中東情勢に関与する動機が減少し、同地域から米軍の撤退を促進する背景につながっている。

一方、バイデン元副大統領は、トランプ大統領の意思決定に対する反発で勢いを増す環境保護運動からの支援を受けている。

したがって、バイデンは大統領選当選後の就任1日目に、パリ協定への復帰を自らの論文*で明言している。

バイデンは気候変動問題について、中国と協力して対処する意向を示しており、この点もトランプ政権とは真逆の方針になっている。

さらに、バイデン政権が誕生すると、「エネルギー政策」という共通項を失った米国とサウジアラビアの関係は悪化し、中東情勢は混迷を深めていく。そして、これらの予測される変化が大統領の意思決定にさらなる影響を与えていくだろう。

対中政策の方向性は維持されるのか？

もう一つの事例として「対中安全保障政策」の変化を取り上げよう。

米国の対中抑止政策は、事実上、オバマ政権からスタートし、トランプ政権でさらに大幅に前進することになった。巷《ちまた》に流布する「民主党は親中派で、共和党は反中である」という言説は必ずしも正確ではない。

むしろ、実態として2000年代初頭まで、米国は中国に対して共和党・民主党と

＊バイデン論文
Joseph R. Biden, Jr. 'Why America Must Lead Again Rescuing U.S. Foreign Policy After Trump' FOREIGN AFFAIRS March/April 2020
https://www.foreignaffairs.com/articles/united-states/2020-01-23/why-america-must-lead-again

もに極めて甘い態度を取り続けてきた。クリントン政権時代の中国との蜜月は広く知られているが、共和党のブッシュ一族も、共和党上院トップのミッチー・マッコーネル院内総務も、江沢民国家主席ら中国要人と密接な関係を有してきたとされる。

しかし、米中の蜜月関係は、中国側が経済力・軍事力を増強させるとともに、次第に中国が米国の覇権に挑戦する存在として認識されることで変化してきた。

トランプ政権は2017年大統領就任後、直《す》ぐに、製造業・防衛産業のサプライチェーンの見直し、中国の知的財産権の扱いに関する調査など、対中政策を意識する大統領令を連発した。

その上で、2017年12月に発表された国家安全保障戦略（NSS）と2018年に1月に発表された国家防衛戦略（NDS）で対中シフトを明確にし、その流れは2020年5月にトランプ政権が連邦議会に示した「米国の中国に対する戦略的アプローチ」[*]まで一貫して継続している。

このようなトランプ政権の動きは、オバマ政権が進めてきた知的財産権の保護と軌を一にするものであり、同政権の「アジア回帰戦略」とも連続性を保持したものだと

＊**「米国の中国に対する戦略的アプローチ」**
United States Strategic Approach to the People's Republic of China
May 20, 2020
https://www.whitehouse.gov/wp-content/uploads/2020/05/U.S.-Strategic-Approach-to-The-Peoples-Republic-of-China-Report-5.20.20.pdf

言える。そのため、トランプ大統領が敗北し、バイデン政権が誕生しても、対中抑止の方向性自体は継続すると見られる。

しかしその際、トランプ／バイデンで相違が生まれるポイントは、対中抑止の「方向性」自体ではなく、抑止の「強弱」や「手段」の面にある。

果たして「米国の中国抑止の政策」とは中国を単なる地域的な安保上の脅威と見なすだけなのか、「サプライチェーンの見直し」とは中国とのデカップリングを意味するのか、中国に対する軍事的抑止について誰をパートナーとしてどこまで踏み込むのか、究極的な目標として「中国共産党の解体」を意図するのか、などは問われるべきだ。

方向性は同じでも内容に相違がある

「トランプ、バイデンとも、中国には強面《こわもて》に対応する」と言うことは簡単であるが、内容面で両者には大きな違いが生まれてくるだろう。

米国の方針は決して不変ではなく、トランプとバイデンでは対中政策が転換する可能性があるのか、何がその判断に重要な影響を与えるのか、対中国の枠組みやアプローチの手段として取り得る選択肢の得手不得手の違いは何か、ということも重要だ。

前述のとおり、仮にバイデンが当選して「パリ協定復帰」を宣言した場合、中国は対米外交のツールとして、環境問題での協力を打ち出して米中対立緩和の交渉材料とするだろう。

その結果、民主党左派の支持基盤である環境保護勢力が、中国との一時的な手打ちを主張し、安保関係者が対中政策抑止政策を推進しようとする矛先を、いくらかブレさせる可能性もある。

中国は環境問題で民主党左派と歩調を合わせることにより、対米政策上、最も重要な戦略である「時間稼ぎ」に活用するのは明らかだ。中国は米国を経済的・軍事的に上回る日が来るまで耐え続ければよいだけだからである。

トランプに対して中国の気候変動政策に関する妥協は意味をなさないが、バイデンに対しては非常に効果的な外交ツールになり得るという違いがある。

米国の政策が相手国や第三国からの反応を引き起こし、国内政局上の動きと呼応して、政権の方針を変えてしまうことは十分に起こり得る。

したがって、「トランプか、バイデンか」という問いは、単なる大統領の「顔」の違いではない。

政局上の影響によって、ある政策の内容が変化した場合、それが他の政策方針や外国政府のリアクションにまで影響を及ぼすことがある。

その相互連関性を意識しながら、大統領の意思決定を分析し、正確な見通しが持てるよう、自らの視座に、絶えず修正を加え続けることが重要になる。

大統領の意思決定に影響を与える選挙や政局の状況を常に観察し、その力学への変化を見逃さず視界に捉えることが、米国政治を分析する人間にとっては必須の作業だと言えるだろう。

「大統領が何をするか」は選挙前に決まっている

トランプ大統領は選挙期間中から「予測不能」と評されることが多かった。しかし、トランプ大統領の政策の大半は事前に予測可能だった。

実際、筆者は過去にトランプ政権の意思決定に関する書籍・報告書・記事を世の中に送り出してきたが、内容の方向性を決定的に誤ったことはない。筆者の分析の提供先として日々現実の経済と戦っている金融機関のお客様が増え続けていることがその証左である。

では、どうして筆者のトランプ政権に関する予測はほぼ外れなかったのだろうか。

それは、トランプ大統領の２０１６年大統領選挙の内幕を、詳細に検証してきたからだ。およそ政治家は誰であっても、その政治家を支える「支持勢力の意向」を無視できない。

そして、厳密な三権分立体制による制約があるため、米国大統領は選挙・政局の動向によって意思決定が激しく左右される傾向がある。

2016年大統領予備選挙段階から「誰が」「いつ」「どのように」「何を」「なぜ」したのかを分析し、「選挙戦の構図」を把握していたことは、トランプ政権の行動を分析・予測する上で大いに役立った。

同政権の行動を理解する前提として、共和党内の確執や派閥闘争、双方の主張と勢力構造を理解しておくことは極めて有用だ。

さらに、選挙の数字、有力政治家、派閥、支持団体、シンクタンクなどの立ち位置の知識を持つことで、日々発生する同政権を取り巻く、さまざまな報道に対する重要性が判断できた。

政局の構図が政策を決める

民主主義国家における「選挙」が持つ意味は「政局の構図」を決めることだ。つまり、「誰が敵で、誰が味方か」を決める行為が選挙だと言える。

そして、政治関係者が選挙に与える影響力は、政治家にとって「味方」または「敵」として、「当該グループを無視してもよい存在かどうか」を決める判断要素になる。「政局の構図」が一度決まると、各政治関係者は、その構図の中で実行可能な政治的行為の影響範囲が定まる。なぜなら、民主主義国家における政治プロセスにはルールが存在しており、「政局の構図」は、政治関係者が実際に行使できる手札を制約することになるからだ。

大統領であろうが、議会指導部であろうが、有力な圧力団体のトップであろうが、軍関係者であろうが、「政局の構図」によって作られた制約を無視することはできない。仮に無理を押し通そうとする場合、政治的アクター間でさまざまな貸し借り関係が新しく生じることになり、それによって道理に反するやり方をした勢力にとって不利な「新しい政局の構図」として場面が更新されることになる。

したがって、この構図の変化を掴んでおくと、大統領や連邦議会関係者が何をするのかを事前に、ある程度予測できるのである。

わかりやすい事例として、トランプ大統領の政治行動を取り上げよう。

トランプ大統領は民主党↓共和党↓改革党↓民主党↓共和党という極めて政党への忠誠心が低い政治遍歴を歩んできた。

しかも、NYの大富豪というイメージがあり、必ずしも最初から共和党内で絶大な人気があったわけではない。むしろ共和党からは「外様（アウトサイダー）」として扱われていた人物と言ってよいだろう。

トランプは2016年の共和党予備選挙で、有力な候補者の濫立により、自らの高い知名度が有利に働く政治環境が生じたことで、共和党予備選挙投票者から20％程度の低い得票しか得ていないにも関わらず、予備選挙の初期州を次々と制し、勢いをつけて勝ち抜いた。

しかし、外様だったトランプは共和党内に政治基盤がなく、予備選挙勝利後に党内ですっかり孤立してしまっていた。その際、トランプに目をつけた政治勢力が共和党保守派である。

共和党には民主党と似た投票行動を取る「主流派（ブッシュ家などのエスタブリッシュメント）」と合衆国憲法至上主義の「保守派（草の根団体など、大衆組織の支持）」の二つの派閥が存在する。保守派はレーガン大統領時代にわが世の春を極めた後は、民主党との対立はもちろん、主流派に対しても党内野党の立場に置かれており、アウトサイダーのトランプを利用して両者に一杯食わせることを計画していた。

そのため、ロバート・マーサーなど、保守派の大口献金者、ニュート・ギングリッチ元下院議長らの大物政治家がトランプに接触し、2016年の夏過ぎあたりから本格的に保守派主導の選挙対策本部体制が構築されることになった。

その結果、大統領選挙本選ではトランプがヒラリーを負かし、共和党から民主党だけでなく、共和党主流派から共和党保守派への二重の政権交代が実現することになった。(トランプ政権誕生の経緯に興味がある読者は拙著『トランプの黒幕』〔祥伝社〕をお勧めする)

トランプ大統領は、大統領選挙本選プロセスの中で、共和党保守派に絶大な政治的「借り」を作ることになった。その結果、トランプ政権の初期人事は保守派のペンス副大統領の指揮の下で大半が行われたのである。

結果として、トランプ政権初期の閣僚名簿には、保守派の顔がズラっと並ぶことになり、この政権がいずれの政治勢力によって主導されるかは、誰の目から見ても明らかだった。

マイク・ペンス

さらに、トランプ大統領が政権発足直後から濫発した大統領令*を通じて、保守派が待ち望んだ、米軍再建、規制廃止、不法移民対策などの政策が断行されることになる。

政権発足当初、CNNなどの大手メディアがトンデモない蛮行として槍玉に挙げた大統領令の大半は、彼らが政治的に対立する共和保守派の長年の悲願ばかりであった。

政治は選挙時の貸し借りの構図によって規定されるものであり、トランプ政権は、まさに共和党保守派が創り上げた政権であったと言える。

当時の日本でも、リベラルなメディア関係者や共和党主流派の常識しか知らない有識者は「トランプは予測不能」と述べていたが、共和党保守派の政策を知っていれば何も疑問なく腹落ちする話ばかりであった。これは国内政策だけでなく外交・安全保障政策の文脈についても同様である。

選挙に際して「誰が」「いつ」「どのように」「何を」「なぜ」したのかを知ることは、「政局の構図」を整理することにつながり、未来に起きるいくつかのシナリオを推量・設定できる。

本書では2020年大統領選挙の状況を説明していくが、それは読者が2020年選挙以後の世界を分析・予測することに役立つだろう。

＊トランプの大統領令
2017年12月末までにトランプ政権は大統領権限に基づいて54本の大統領令と97本の法案を成立させた。主な内容は所得税の税率税率を12%、25%、33%に。法人税率を35%から15%に引き下げ。相続税廃止。／規制緩和（エネルギー資源開発規制廃止など）／オバマケア見直し／TPPの離脱。NAFTA再交渉。中国による為替操作、米国製品の市場アクセスの妨害、知的財産の侵害の是正。／軍事力の増強。NATO加盟国に経費負担を求め、北朝鮮に核開発計画廃棄を要求。エルサレムを首都と承認。／南部国境に壁を構築。テロ警戒国から

強力な権限を持つ連邦議会の構成に着目する

2020年大統領選挙以後の世界を分析する際、大統領選挙と同時に行われる上下両院の連邦議会*議員選挙を忘れてはならない。

連邦議会議員選挙は、連邦上院の1／3、連邦下院の全議席が小選挙区方式で共和党・民主党の二大政党によって実質的に争われることになる。

現在、上院は共和党が多数派、下院は民主党が多数派を形成しており、その構図がどのように変化するのかを知ることは、米国大統領の政治的な権力の限界を知ることに等しい。

日本ではトランプ大統領のイメージもあり、「米国大統領は何でも好き放題できる」と思っている人も少なくない。

しかし、現実の米国大統領は自らの政治的行為の可否について、キャピトルヒル（連

の移民受け入れ見直し。不法移民の犯罪者の本国送還。移民受入基準の見直し。／国連気候変動プログラムへの資金拠出の停止。パリ協定の議題を拒否。「クリーンパワープラン」廃止。／連邦政府職員の新規採用を凍結し、職員数減少。新規制度の導入時に二つの既存規制を廃止、などが挙げられる。

＊米国連邦議会
上院：定数100、任期6年、任期数に制限なし。1／3のグループが2年ごとに改選。
下院：定数435、任期は全員2年、任期数に制限なし、全員が同時期に選出される。

邦議会）の住人とタフな交渉を強いられる。なぜなら、米国大統領には予算を決める権限もなければ、法案を作る権限もなく、それらに対する「拒否権」しか与えられていないからだ。連邦議会議員は大統領の意向を忖度しつつも、予算策定や法案審議を通じて強力な権限を、自らの意思で自由に行使できる。

大統領と議会の関係

連邦予算策定に際して米国大統領ができることは、連邦議会に対して「予算教書」という形で自らの予算方針を示し、拒否権の発動をチラつかせながら連邦議会側と予算折衝を行うだけだ。

予算は大統領の政治権力の行使を裏付けるものであり、連邦下院は大統領の財布を握っている存在だ。連邦下院の多数派は予算の先議権を有しているため、予算策定に関する強いイニシアティブを持っているからである。

大雑把な傾向分けをするなら、共和党は軍事費増加と減税、民主党は社会保障費増加と増税を目指す傾向があり、下院議会の構成は、大統領の国内外における選択肢に対して、資金面での前提条件を決めることになる。特に近年では選挙区調整の見直しから、イデオロギー的に先鋭化した連邦下院議員の当選傾向が強まっており、政治的な擦り合わせや妥協が容認されにくい環境が生まれている。

2018年の中間選挙結果により、共和党は民主党に下院多数派の地位を明け渡し、民主党に予算策定の主導権を握られることになる。その結果として、トランプ政権と共和党は、非常に厳しい交渉を民主党下院議員らと行う必要が生じた。最終的に共和党上院は、民主党下院と妥協した予算案を作成したが、それに反発した下院共和党保守派が大量造反することで、連邦予算の是非を巡り、共和党内で大分裂が生じる事態が引き起こされた。

今後も大統領と上院・下院の多数派が異なる政党になった場合、連邦予算の策定作業は困難を極めることが想像に難《かた》くない。

大統領令の効果と限界

実は、トランプ大統領が大統領就任直後に大統領令を濫発した理由も、連邦議会の構成にあった。政権発足当時の連邦上院・下院は共和党多数派で形成されていたため、一見すると共和党の盤石な体制のように見えた。

しかし、その共和党の実態は、トランプ大統領を支える保守派と、トランプ大統領から距離を取る主流派で議会構成が半々に割れていた。

特に、上院には「フィリバスター」*と呼ばれる議事妨害手法があり、事実上法案を首尾よく成立させるためには、定数100の過半数ではなく、3／5である60票以上の賛成が必要となる。

トランプ大統領が、共和党保守派寄りの法案成立を目指して連邦議会に働きかけても、民主党寄りの政治的傾向を持つ共和党主流派議員が上院で反対票を投じることは明白だった。そのため、トランプ大統領は、交渉を通じて自らの政策の法制化を地道に目指すのではなく、大統領令を活用し、主導権を取る形で政策実現を図る政権運営を志向せざるを得なかった。

近年では大統領令を濫発した大統領としてオバマ大統領が知られているが、それも共和党議会多数派との対立関係が背景にあった。

ただし、大統領令はホワイトハウスの意思を行政機関に対して速やかに通達する効

＊フィリバスター
アメリカ合衆国連邦議会上院において、演説を長時間続けることで議事進行を意図的に妨害する手法のこと。フィリバスターを止める手段として、上院の5分の3以上の議員（60人以上）が打ち切りに賛成した場合、演説者は1時間以内に演説をやめなければならない。

果があるものの、その命令には連邦議会の民意が必ずしも反映されているわけではない。そのため、連邦議会による対抗的な立法措置や、司法プロセスを通じた違憲訴訟などが実施されることで、その命令が事実上頓挫《とんざ》してしまうことも少なくない。

したがって、大統領が自らの意思を示す大統領令に署名しても、象徴的な意味合いを除いて、その実効性についての評価は、議会構成や司法構成など、多面的な角度から検証される必要がある。

人事は議会の承認が必要

米国大統領は政権の中枢を担う約1000名の幹部スタッフの人事について、上院の承認を経なければならない。したがって、米国大統領と連邦上院多数派の構成が捻《ね》じれた場合、米国大統領は自らのイデオロギーや政策に沿った意中の人物を政権の要職に任命することが難しくなる。

実際、トランプ政権でもマティス国防長官は過去の軍歴に鑑み、超党派での広範な賛成票による承認が得られたが、教育長官に指名されたデボスは民主党の強固な反発

ジェームズ・マティス

ベッツィ・デボス

と共和党側主流派の造反で50対50という引き分けの投票結果となり、上院議長役を務めるペンス副大統領（→033ページ）が裁定の一票を投じて選出される事態になった。

人事権は予算と同様に権力そのものであり、上院のコントロールを喪失し、自由な人事権を失った大統領は政権運営の片翼を捥《も》がれたも同然と言えるだろう。

米国大統領選挙だけでなく、連邦議会議員選挙による議席構成の変化を正しく把握することは、米国政治の中長期的展望を予測・分析する上で重要なのである。

大統領が連邦議会と交渉せずにできること、議会と妥協しなければできないことを正確に把握すれば、２０２０年以後、米国政治の見取り図を正しく描けるだろう。

世界最強の権力者・米国大統領のアキレス腱を把握する

前項までの解説で、米国大統領が選挙・政局の影響を受ける存在であり、実際の権限行使には、政局の構図や連邦議会による制約が厳しく働くことが理解できたものと思う。

その上で、われわれが米国大統領の政治行動を分析・予測するため、常に配慮すべきは「大統領のアキレス腱」の動向である。

米国大統領にとって、選挙自体や連邦議会構成以外に意思決定のアキレス腱になり得る政治的要素は大きく三つ存在する。

それは、**「支持団体」「資金提供者」「外国の指導者」**である。

支持団体

民主主義国である米国では、大統領および連邦議会議員の言動は「支持団体」（≒圧力団体）の意向に沿ったものになる。

大統領および議会多数派政治勢力の支持団体が、ヒト・モノ・カネ・情報のネットワークを駆使して積極的に推進する政策は実現可能性が高い。

逆に、現職大統領が個人的に実施を望む政策や、政府機関が優先すべきと定義した計画であっても、政治的な支持団体が強烈にNOを突き付ければ実行は難しい。

例えば、共和党が何らかの政策を実行する際、福音派キリスト教徒への配慮を欠かすことはない。（↓161ページ）

共和党の選挙を支える最大の運動組織はキリスト教福音派の信者団体であり、彼らが納得しない政策を実行することは、ほぼあり得ない。

それはキリスト教の教義に関する中絶や同性婚などの国内政策の話だけではなく、外交・安全保障に関する政策でも同様だ。

トランプ政権は対外政策を具体的に動かす際、必ず相手国の宗教迫害についてコメントする傾向がある。

なぜなら、そうしない限り、福音派の支持者に「それが重要な外交問題であること」を説得できないからだ。

キリスト教福音派の外交的関心は長年の間、中東情勢に注がれてきたこともあり、トランプ政権は対中国の国内気運を盛り上げることを企図して、福音派の関心を東アジア方面に向けるため、多大な時間・労力を費やしてきた。

トランプ政権は政権発足当初、対中国の外交安全保障策を推進するための国内世論の支持、つまり、「キリスト教福音派からの対中世論」という民意の燃料を欠く状況があった。

しかし、2018年9月、北京で政府非公認のキリスト教会弾圧・聖書焚書事件が発生し、米国のSNS上でも中国当局によって聖書が燃やされる動画が拡散されることになった。そして、連邦下院において、中国でのキリスト教弾圧をテーマとした公聴会(→161ページ)が開催されることになり、キリスト教福音派の怒りが爆発する政治的な動きが発生した。

２０１８年10月のペンス副大統領による歴史的な対中強硬演説*は、福音派の意思を代弁する側面も多分に含まれていたものだと言える。

最近では共和党だけでなく、民主党も対中強硬姿勢を強めている。

民主主義国家である米国において、超党派の政治的な意思決定がなされるためには、共和党・民主党各々の支持基盤による民意高揚が重要だ。

直近の事例として、中国・ウイグル地域でのムスリム強制収容所が、ニューヨークタイムスのようなリベラル系のメディアでも注目されている。同施設は宗教弾圧であると同時に、ナチス・ドイツのアウシュビッツを彷彿とさせる存在でもある。

そのため、同収容所の存在は、共和党の支持基盤である宗教団体だけでなく、民主党の支持基盤である人権団体からも激しい中国批判の声が上がる原因になっている。

このように米国の政治は、対中批判一つを行う際にも、その意思決定と支持団体との関係を明確にリンクさせる必要がある。

＊対中強硬演説
２０１８年10月4日、ワシントンのハドソン研究所でペンス副大統領がトランプ政権の対中政策に関して行った講演。40分以上に及ぶ本演説において、中国を「米国に挑戦する国」とし、「大統領と米国人は後ろに引かない」「邪悪な中国に立ち向かおう」と国民に訴えた。

ただし、支持団体の民意は一度でも火が着くと、政治的に誰もコントロールできなくなることもあり、大統領が政策的な妥協のタイミングを模索するのが難しくなるケースもしばしばだ。

大統領により、民意の火力が吹き荒れる方向とは別方向の政策変更を決断しようという場合、民意の炎は大統領自身を燃やし尽くすことになるだろう。物事のアクセルとブレーキを同時に踏むことは誰にとっても困難だからだ。

米国大統領にとって、支持団体の民意と折り合いをつけながら上手にコントロールすることは、政権運営の自由度を確保する上で、決定的に重要な要素と言えるだろう。

資金提供者

次に、政権の意思決定は「資金提供者」の意向によっても大きく左右される。

トランプ大統領は2016年にカジノ業界から大きな援助を得ていたことで知られるが、それ以外にも保守派の大物資金提供者であるロバート・マーサーからの支援も受けていた。

マーサーはヘッジファンドの創業者であり、反エスタブリッシュメントとしても知られる人物だ。

彼はスティーブ・バノン（元首席戦略官）が運営していたブライドバートニュースのスポンサーであり、ブリグジットに関与したPR会社であるケンブリッジ・アナリティカへの資金提供が取り沙汰されたこともある。

マーサーの娘がトランプ政権の政権発足時、政権移行チームの執行委員として名前を連ねていたことも偶然ではない。トランプ政権初期の内政・外交スタンスで反エスタブリッシュメントの色彩が強かったことは、マーサーの影響があったと捉えるのが妥当である。

一方、エスタブリッシュメントに支えられるバイデン政権にも、大口の献金者は多数存在する。

最も有名な人物はマイケル・ブルームバーグだろう。豊富な資金力を背景に、民主党予備選挙に名乗りを上げたブルームバーグは、2020年大統領選挙に際して、民主党に総額200億円以上の献金を行う見通しだ。

同氏は米国きっての親中派として知られており、その意向はバイデン政権の対中政策に対して、陰に陽に、影響を与えることになるだろう。

ただし、これらの億万長者の影響力は、米国において急落していることにも注意が必要だ。なぜなら、インターネットを介した個人献金の金額が急速に増加しているからだ。

一昔前なら大口献金者からの支援がなければ、政治家は選挙資金を十分に確保するのが難しかったが、現代社会においては、イデオロギー的に過激な発言をすれば、思想的に偏った小口献金者から選挙資金を調達できる環境が整いつつある。

大口の献金者は中道的な傾向を持つのに比べ、インターネットを通じた小口献金はイデオロギー的に偏っている個人によるものが多い。

大統領や連邦議員は自らの選挙資金を調達するため、常に頭の中で資金提供者である大口献金者の顔と、ネットを通じた小口献金の勢いを秤にかけて意思決定を行うことが求められるようになっている。

外国の指導者

「外国の指導者」の意思決定も、米国大統領の実行力を制限することになる。米国に対して世界の同盟国、および敵対国の指導者がどのような姿勢を取るかは、米国大統領が外交・安全保障上、取り得る選択肢に影響を与える。

もし、同盟国の指導者が米国の政権に対して協力的であれば、敵対国に対して米国のみで単独行動するより、有効な政策を実行できるかもしれない。

逆に同盟国が米国に懐疑的な姿勢を取っているなら、敵対国は米国から同盟国を引きはがす好機と見なすだろう。

外国の指導者は、同盟国であれ、敵対国であれ、必ずしも米国大統領の思いどおりに動くわけではなく、その行動次第によって、米国大統領の威信が傷つくことにもなる。それはあらゆる方面で、大統領の政策実行力に対する信頼性の毀損《きそん》につながってしまうのである。

中国やロシアのような軍事大国は、米国と同盟国の結束の強さを窺《うかが》うため、常に散発的な領土紛争を仕掛けてくる傾向があり、それらへの反応一つで国際情勢が大きく動いてしまう可能性もある。

何らかの理由で米国の影響力が減少した地域には、敵対国が影響力を増大させるべく行動するため、大統領は常に駆け引きが求められる。

また、北朝鮮やイランのような、核武装やテロ支援によって露骨に軍事的脅威を形成している存在は、米国の外交・安全保障のリソースを著しく浪費させる。

トランプ政権やオバマ政権は、核保有国、または核保有の可能性がある国との対立を鎮静化させることにより、中国やロシアに対峙する戦略的リソースを確保しようと努力してきた。ただし、米国の政権が敵対国の指導者と直接、対話することは、既存の国際秩序の変更を意味するため、米国内の現状維持を望む勢力から、反対の声が必要以上に大きくなりがちである。

このように、米国大統領の影響力を左右するアキレス腱は「支持団体」「資金提供者」「外国の指導者」であり、米国大統領の行動を予測・分析するためには、これらの重要な政治的要素の変化を毎日のように追い続ける必要がある。

米国の政策を見極め、日本の選択肢を模索する

米国大統領の言動は、世界中の国々の政策判断に直接的・間接的に影響を及ぼすことになる。当然であるが、日本もその例外ではない。むしろ、日本は世界第3位の経済大国であり、中国・ロシア・北朝鮮と対峙する、米国最大の同盟国として多大な影響を受ける国の一つである。

特に、経済安全保障戦略の必要性が増す昨今の国際情勢に鑑み、日本がどのような進路を取るかを決定するため、米国の動向を正確に掴むことは極めて重要だ。

また、人権問題についても、共和党と民主党ではアプローチが大きく異なるため、日本の対ロシア・対アジア・対中東政策についても細かな見直しが求められるようになるだろう。

さらに、米国の政策は、日本国内における政策の方向性にも影響を与える。昨今では米国を含めた国際機関との交渉で、事前に政策の筋書きが決められた内容を日本の政府与党が国内法として法制化することが少なくない。

また、米国市場は日本企業にとって極めて重要な国際市場であり、その市場に適用される米国法を無視することは事実上不可能だ。米国が主導し、米国が決定する政策は、日本国内のありとあらゆる政策の規模・種類に影響を与える。

これは避け難《がた》い事実であって、日本にもグローバル化を見直すことを声高に叫ぶ政治勢力は存在するが、それは現状を無視した非現実な議論に過ぎないと思う。日本人は米国が主導するグローバル化した世界の中に生きている事実を認めた上で、その中での生き残りを模索するしかない。

したがって、2020年大統領選挙後に日本が採用すべき戦略は、米国の方針・政策手段の強弱を踏まえた賢い内容であることが求められる。

米国から発される、さまざまな政策方針・政策内容を読み解き、日本の国益にかなう政策には便乗し、日本に都合の悪い政策は無害化することが重要だ。

本書では第6章に日本が実行すべき政策について、筆者の私案を提示しているが、是非とも、読者諸氏により日本各地で侃々諤々《かんかんがくがく》の議論が行われることを期待したい。

第2章

「ビフォー・コロナ」の政治状況を知る

コロナ以前のトランプ再選に向けた戦略

新型コロナウイルスの猛威、その影響を受けた渡航禁止・都市封鎖《ロックダウン》は、世界環境を大きく変えてしまった。

そのため、米国大統領選挙情勢やトランプ大統領の再選戦略も、大幅な変更を余儀なくされている。

ただし、新型コロナウイルス以前に、トランプ陣営が描いていた再選戦略を改めて知ることは、米国内で起きている政治的な地殻変動を知る上で非常に有益である。

本章の狙いは、「新型コロナウイルス問題」という特殊要因をあえて取り除いて米国大統領選挙を考察することで、今後も永続的に続くであろう米国政治における深層構造の変化について理解を深めることにある。

なぜなら、トランプ陣営・バイデン陣営のいずれであっても、米国政治の中長期的な変化の流れ《トレンド》を無視できないからだ。

共和党保守派の考え方

トランプ陣営において、選挙の原動力となるグループは共和党保守派だ。ペンス副大統領を筆頭格とし、合衆国憲法を一言一句墨守する保守的な理念を共有する運動団体やシンクタンクに支えられた同派は、トランプ大統領の政権運営を一貫して支えるとともに、トランプ再選に深く関与する多くの政策成果を上げてきている。

保守派のアジェンダを政策成果として具現化したトランプ大統領は、共和党内に岩盤支持層を形成し、再選に向けた民意の熱量を保持することに成功してきた。

ただし、強力な運動力を誇る共和党保守派は、同時に中長期的な選挙戦略上の問題を抱えている。

共和党保守派が信じる「建国の理念」とは、古き良きＷＡＳＰ*（ワスプ）の米国政治の理想を体現したものに過ぎず、米国で増加を続ける他の人種や左派的な高等教育を受けた若者には、必ずしも共有されていないという問題だ。

*WASP
ホワイト・アングロ=サクソン・プロテスタント（White・Angro=Saxon・Protestant）の頭文字を取った略称。アメリカ合衆国建国の主体であるイギリスから渡った人の子孫で、中・上層階級を形成している層。現在ではいかなるマイノリティ集団にも属さないほとんどの一般白人を指して使われることも多い。

そのため、大統領選挙年の選挙戦略上、重要なメッセージとなる、2020年2月4日に実施されたトランプ大統領の「一般教書演説（年間方針の発表に相当）」は、共和党保守派を重視しつつも、保守派が抱える選挙戦略上の問題を、わかりやすく克服することを目的として練り上げられたものだ。同演説は米国の人口構成の変化を意識し、白人以外のマイノリティからの支持を獲得することに主眼を置く内容であった。

トランプ大統領再選戦略の根幹は、減税や規制廃止による経済成長の成果として、株高や低失業率をアピールすることだ。

新型コロナウイルスに伴う雇用崩壊が発生するまで、トランプ大統領は演説を行う際には必ず、株高とともに「マイノリティ失業率が史上最低の水準にあること」を強調してきた。

2020年の一般教書演説の内容も同様で、「マイノリティの生活環境を変えられるのは、アイデンティティ政治を称揚する民主党ではなく、経済成長・雇用増加を導く共和党であること」が明確に示されたものだった。

一般教書演説では、大統領の演説に関連するゲストを議場に招くことができる。これはレーガン政権から始まった慣例であるが、「現役大統領が誰をターゲットにして政治を行っているのか」を端的に表現する格好の演出機会となっている。

トランプ大統領は2020年に有色人種のゲストを多数招くことによって、国境警備、聖域都市対策（不法移民対策）、学校選択制、開発投資、社会主義批判など、白人のイデオロギーと見なされがちな共和党の政策について、「人種を超えた普遍的な価値を持つもの」として再定義して見せた。

特にアフリカ系の貧困層が多数住んでいる地域に対する投資優遇措置である「オポチュニティ・ゾーン」*は、トランプ政権の目玉政策として注目を集めた。（筆者が米国で出会った共和党から下院予備選挙に出馬するアフリカ系の候補者も、さかんにオポチュニティ・ゾーンの有効性について主張していたことを思い出す）「経済成長が有色人種の経済環境を現実に改善する」というメッセージは、民主党左派勢力による「トランプ大統領は人種差別主義者」というレッテル貼りに対する強烈なアンチテーゼとなる。

それらに加え、中絶、銃規制、学校で祈る権利など、共和党保守派やキリスト教福音派の伝統的な主張を演説に盛り込み、保守派の伝説的なラジオDJであるラッシュ・リンボーに大統領自由勲章を授与するなど、保守派の士気は最高潮に達していた。

＊オポチュニティ・ゾーン
米国内の低所得地域への長期的投資を促す目的で2017年12月に成立した米国の税制改革法に盛り込まれた条項。投資家が資産売却で得たキャピタルゲインを低所得地域の中から指定された「適格オポチュニティゾーン（Qualified Opportunity Zones）」に再投資する場合、税制上の優遇を与える制度。

ラッシュ・リンボー

これは、民主党内で若者を中心に勃興しつつある社会主義に対抗するイデオロギーの表明であり、共和党にとっては、サンダースらを標的としたネガティブキャンペーンの意味合いを持つものであった。

演説の中では、アンチ・トランプの大手メディアに対し、「トランプ政権の無謀な戦争に踏み込む危険性」についても明確に否定している。

ベネズエラの外交交渉を通じた政権交代にコミットし、中東でISISとの戦争をほぼ終結させ、アフガニスタンから撤退する方向性が示されたからだ。

トランプ大統領の一般教書演説は、今年初めまでの「再選戦略メッセージ」がストレートに表現されていたと言えるだろう。

それはそのまま、共和党保守派による米国の中長期的な選挙情勢の変化に対する回答でもあった。

キリスト教保守派を中心とした、既存の共和党保守派の支持者を選挙マシーンとして動員し、さらにアフリカ系やヒスパニックのマイノリティ支持層の一部を経済面から取り込む連合を形成する狙いは明らかだった。

実際、トランプ政権下において、大統領からのメッセージを受け、「Black For Trump」や「Latinos Para（For）Trump」のように、少数ながらもトランプ支持の動きがマイノリティ・グループの中にも現れ始めていたこともあり、新型コロナウイルスやジョージ・フロイド氏殺害事件が起きるまで、トランプ政権の再選戦略が、徐々に効果を発揮しつつあったことは事実だった。

ラテン系トランプ支持者の例

アフリカ系トランプ支持者の例

人種票：アイデンティティ政治 vs. マイノリティ低失業率

前述のトランプ大統領の一般教書演説が行われた時、民主党のナンシー・ペロシ下院議長は自らの議席でトランプ大統領の一般教書演説原稿を破り捨てた。

演説直前、トランプ大統領がペロシ議長の握手を拒否したことの意趣返しと考える向きもあるが、この行為自体が民主党支持者向けのアピールであり、ペロシ下院議長も無礼を承知で行ったものと捉えることが妥当だ。

実際、衝動的に原稿を引き裂いたわけではなく、トランプ大統領の演説中から原稿に切れ目を入れて、演説終了と同時に派手に破ったので、その意図は明確であった。

ナンシー・ペロシ

民主党の「アンデンティティ」戦略

近年、民主党陣営は選挙戦略として露骨に「アイデンティティ」戦略を採用するようになっている。もともと民主党は、選挙を人種・性別グループに分けて争う手法を採用しているが、最近ではSNSの発達によって一層拍車がかかるようになってきた。

女性の権利を訴える「#Me Too」やアフリカ系有権者の生命の尊厳を訴える「#Black Lives Matter」などは、民主党陣営にとって、SNS上で大ヒットした政治キャンペーンと言えるだろう。

SNSなど情報技術の発達は、同一属性を持つ人々同士の交流を活発化させ、アイデンティティの分断を促進する。

政治的なマーケティングノウハウを持った人物がSNSの特徴を効果的に利用してアイデンティティの分断を活用したメッセージを構築する時、特定グループの有権者を単一アイデンティティの持ち主として染め上げられる。

民主党陣営が社会の分断を作り出す際に強調する手法は「属性ラベリング」である。

Me Too運動

2020年のBLM運動

例えば、所得、人種、学歴、性別、などの客観的に確認可能なデータを基に対象者を区分し、人々を一定の共通項を持った層にグルーピングする。そのグループには「〇〇のように考えるべきだ」という政治的メッセージをセットで提供する。

あらゆる問題の原因を「アイデンティティに起因するもの」として再定義し、対象となる人々に政治的な動機付けを行うことで、ボランティアなどに動員するのだ。

その意味で、あらゆる人々と共通のアイデンティティを持つことを演出できたオバマ大統領は、民主党にとって理想の大統領であったと言えるだろう。

このアイデンティティ政治は、民主党の党勢拡大に非常に大きな効果をもたらしている。

2018年中間選挙では米国の良好な経済環境・雇用環境にも関わらず、共和党は上院で苦戦し、下院で民主党に過半数を奪取される事態に陥った。

これは共和党が提供する経済的な利得より、民主党が提供するアイデンティティ政治のほうが投票行動を動機付ける力を持っていたことを示している。

実際、中間選挙における民主党躍進の原動力は、郊外の大卒女性、マイノリティ、社会主義を許容する若者たちであった。

ただ、民主党のアイデンティティ政治を活用する戦略も、すべてがうまく機能してきたわけではない。2016年大統領選挙では、セレブとして驕《おご》り高ぶるヒラリーは、マイノリティ層に大顰蹙《ひんしゅく》を買い、なおかつ副大統領候補者に白人男性を選んだことで、「女性、マイノリティ、若者」連合の形成に失敗した。

また、2020年民主党予備選挙では、サウスベント市長のピート・ブティジェッジの躍進が伝えられたが、彼は市政時代の政策ミスで、アフリカ系有権者との関係が悪化しており、アフリカ系有権者が多いサウスカロライナ州での予備選挙惨敗を受け、撤退を余儀なくされた。

この二つの事例は、現代のアイデンティティ政治色が強まる民主党内の環境で、アイデンティティ政治に十分に対応できない候補者では、民主党の大統領候補者として選出される余地がないことの証明になった。（バイデンの評価については後述→106ページ）

トランプの「経済・雇用」戦略

トランプ陣営も、人種面でのアイデンティティ政治に何ら無策で臨んでいたわけではない。トランプ大統領がヒスパニックの30％、アフリカ系の15％以上を取り込んだ場合、再選の確度は非常に高いものになるはずだった。

そのため、前述のように、トランプ陣営もアフリカ系からの得票を意識し、演説内容を含め、アイデンティティ政治を踏まえた取り組みをしてきており、トランプ政権の人事や、肝煎りの政策にも影響を与えてきた。

例えば、トランプ大統領は、著名な脳神経外科医で、共和党予備選挙ではライバルだったベン・カーソンを住宅長官に任命している。カーソンはアフリカ系アメリカ人に知られた人物で、共和党予備選挙出馬時から「インナーシティ問題（アフリカ系住民が多く居住する都市部のスラム化したエリア）の改善に取り組みたい」と明言してきた。トランプ大統領はカーソン氏のスキャンダルが起きた後も安易に馘《クビ》にすることなく同職に留任させたままにしている。これは、ミスがあった閣僚を更迭してきたトランプ大統領にとって珍しい判断の一つである。

また、トランプ大統領はアフリカ系からの関心が高い「刑務所改革」を、自らの政策のトッププライオリティーに位置付けており、娘婿であるクシュナー上級顧問を責任者に据えて政策を実現した。

ベン・カーソン

2018年8月1日には、トランプ大統領はインナーシティの著名な黒人牧師らをホワイトハウスの執務室に招き、「人生の中で最も黒人を重視する大統領だ」と自らを称賛させたこともある。

だが、やはり人種アイデンティティ政治の文脈では、共和党より民主党に一日の長があることは明らかだ。

新型コロナウイルス問題以前の支持率調査で、トランプ大統領はヒスパニックの有権者から一定の支持を得たが、アフリカ系有権者からの支持については目立った数字上の変化はなかった。

そのため、前項の一般教書演説の解説で示したように、トランプ陣営が有色人種に対するアプローチとして一縷《いちる》の望みをかけてこだわってきたのは「良好な経済環境を確保してマイノリティの失業率を改善すること」であった。

つまり、中間選挙では一度は失敗したものの、トランプ選対は人種アイデンティティを越えた即物的な生活環境の改善を強調し、民主党から有色人種票を引きはがす戦略を再度試みたと言えるだろう。

筆者が2019年末に共和党の保守派幹部と面会した際も、彼らは「好調な経済とマイノリティ失業率の低さがトランプ再選をもたらす」と豪語していた。ただし、今となっては、新型コロナウイルスに伴う雇用崩壊によって、その真偽が簡単に判別できない状況になってしまった。

米国の政治対立の根幹には、ＳＮＳなど、コミュニケーション技術の革新とアイデンティティ政治の発達が深く影響を与えていることを認識する必要がある。

このアイデンティティの対立は、米国内の社会問題というだけでなく、国際政治にも影響を与え、利用されていくことも意識しておくべきだ。

現代社会は情報技術の発達でコミュニケーションにかかる取引コストが激減しているため、アイデンティティ政治は米国国内の問題に留まらず、やがては国際社会全体を巻き込んだ大きな問題につながっていくだろう。

そして、米国のアイデンティティ政治が激化していく中、同盟国は米国の民主主義の中長期的な安定性を不安視し始めており、敵対国は米国のイデオロギー的な正当性を低下させる好機と見ているだろう。

イデオロギー闘争：
アメリカvs.社会主義の戦い

毎年2月末から3月頭に開催される、共和党保守派の年次総会である「CPAC（Conservative Political Action Conference）」は、トランプ政権当該年度の政治方針・政策方針を知る場として重要なものだ。

トランプ政権発足後は正副大統領が毎年出席して自らの政見を述べることが慣例となっており、CPACで発言された内容は、その後に政策として実現することも多い。トランプ政権の分析を行うなら、会場の雰囲気を見に行かずして語る人の話は、全く信用できないと断言できる。

2020年は大統領選挙の年ということもあり、2月末に開催されたCPACイベント会場は選挙モード一色という状況になっていた。

CPAC 2020のテーマは「アメリカvs.社会主義」というものであった。

アメリカは言わずと知れた自由世界の国際的リーダーであり、国内の経済・社会政策でも自主独立の色彩が強い、自由主義的な政策を尊ぶ国でもある。

しかし、近年では若者（ミレニアル世代）を中心として「社会主義」というワーディングに対する抵抗感が非常に落ちているという状況が生まれつつある。

筆者が、保守派の重鎮であるグローバー・ノーキスト全米税制改革協議会議長に、その問題について尋ねたところ、「ソ連が崩壊してから時間が経過し、人々が社会主義の脅威を忘れてきていることが原因」「歴史教育の重要性が増しており、米国の政治文化を立て直す必要がある」という回答が得られたが、この認識は、現代米国に対する問題認識として的を射たものと言えるだろう。

米国で社会主義者に対する警戒感は、第二次世界大戦で戦火を交えた全体主義と比べると著しく低い傾向がある。米国政治における絶対悪はナチス・ドイツなどの全体主義者であり、ソ連らの共産主義国は第二次世界大戦を一緒に戦った経緯があるため、ナチス・ドイツよりも「一段階下位の悪」として位置付けられている。

また、マッカーシズム*などの赤狩りによる過度な言論弾圧は、反省すべき歴史として記憶されており、メディアやアカデミズムの世界では、リベラルな意見を問題視す

グローバー・ノーキスト

＊マッカーシズム　1950年頃のアメリカにおいて、米国共和党上院議員J・R・マッカーシーを中心に米国内で行われた反共運動。マッカーシーは、国内における共産主義活動の脅威を強調して国民の支持を集めたが、実際には多くの非共産主義者・自由主義者が公職を追放されたり、自由の抑圧も行われた。1954年、マッカーシーは「赤狩り」の行きすぎを指摘され、上院の査問決議で失脚した。

ることがタブー視されている事情も、社会主義思想が野放しで蔓延してきた遠因となっている。そのため、現代の米国では、ソ連の存在を見たことがない若者を中心として社会主義への警戒感がすっかり薄れてしまっているのだ。（↓237ページ）

共和党保守派の人々が社会主義の象徴として想定している人物がバーニー・サンダース上院議員とオカシオ・コルテス下院議員である。

近年、民主党の連邦議員の左傾化は著しい。中でも民主社会主義者を自称するサンダースと〝AOC（Alexandria Ocasio-Cortez）〟の異名で呼ばれるコルテスは、米国政治における左傾化の代表事例として世界中に知られる存在だ。

米国版の国民皆保険であるメディケア・フォー・オールを主張したり、エネルギー規制と公共事業を組み合わせたグリーン・ニューディールを主導し、社会主義国であるキューバを礼賛する姿は、米国左派として一つの「様式美」だと言えるだろう。

そのため、共和党保守派は2020年大統領選挙において、サンダースやコルテスの存在を念頭に「社会主義との闘い」を鮮明に打ち出すことにより、行き過ぎた左傾化傾向に拒否感を持つ中高年層、中小企業経営者、キリスト教福音派の支持を固めよ

バーニー・サンダース

アレクサンドリア・オカシオ・コルテス

うと狙いを定めてきた。例えば、中小企業経営者はメディアケア・フォー・オールによる社会保障費の負担増を嫌っており、「余計な社会保障負担がない場合、より多くの雇用を創り出せる」と主張している。

また、地域の伝統的な慈善活動を含めたコミュニティの担い手である宗教団体は、「政府が実施する社会保障プログラムは地域コミュニティを破壊する」と批判している。実際、共和党保守派の大会などに行くと、オバマケアに反対して宗教団体が互助的な奉仕活動を推奨する「Liberty Healthshare」という団体が大きなブースを出している姿を見かけることになる。

民主党政権が推進する環境規制に反対するシェール関連産業・石炭関連産業やラストベルトの製造業者は、トランプ大統領および共和党支持を明確に打ち出している。

さらには、キューバの社会主義政権から亡命してきたヒスパニック（主にフロリダ州在住）は、オバマ政権が推進した親キューバ政府寄りの中南米政策を忌み嫌っており、トランプ支持を表明する人々も少なくない。

そのため、トランプおよび共和党陣営による「アメリカvs.社会主義」というメッセージは、自らの支持基盤を奮起させると同時に、ラストベルトやフロリダ州においても「勝利の鍵となる支持層に訴えかけるメッセージ」としての機能が期待されていた。

２０２０年のＣＰＡＣ会場では、多くの「小さな政府」を標榜する議員らが登壇しており、共和党が打倒社会主義に向け、一致団結して臨む姿が演出されていたことも印象的であった。

ＣＰＡＣ参加者に対する意識調査では、財政赤字の深刻化を懸念する声が最も多く、「アメリカvs.社会主義」のメッセージは、連邦財政の肥大化を懸念する財政タカ派*の支持層に対するメッセージとしても機能していた。

２０１９年までに、トランプ大統領は巨額の減税政策を実現したものの、財政規律に関する取り組みについては、財政タカ派の共和党支持層から十分な支持を得られていなかった。そこでトランプは、足元の共和党支持層からの懸念を払拭《ふっしょく》するため、ＣＰＡＣ２０２０直後の3月6日に、マーク・メドウズ下院議員（ノースカロライナ州選出）を首席補佐官に選任している。

メドウズ下院議員は保守強硬派として知られる議員連盟であるフリーダム・コーカスの取りまとめ役であり、財政規律論者としても知られた人物であった。

＊財政タカ派
政府の歳出規模の縮小を求める政治勢力。減税とともに歳出削減を実行し、国民生活への政府関与を抑制することで、憲法で保障された財産権等の個人の自由を守ることを目的とする。

マーク・メドウズ

拡大する接戦州：ラストベルトvs.サンベルト

２０１６年大統領選挙で日本のメディアや有識者は、大統領選挙当日までヒラリー勝利予測を垂れ流し続けていた。しかし、それらの論評の大半は、全米支持率だけを見ていたか、もしくは、単なる思い込みに過ぎないか、はたまた、何もデータを見ていないかという程度のものだ。

筆者が２０１６年にトランプ勝利の可能性を予測した時、選挙に関する接戦州の世論調査の数字を見ると、ヒラリー勝利を断言できる状況は全く存在していなかった。

そして、２０２０年大統領選挙において、新型コロナウイルス問題が発生するまで、前回とは逆に、トランプ再選を明言するメディア関係者や有識者らが多かった。

実際には、２０１６年のヒラリー勝利確定がフェイクであったように、２０２０年の選挙環境も、新型コロナウイルス問題が生じる以前の段階において、「トランプ勝利が確定している」とは、およそ言い難《がた》い状況であったにも関わらずである。

大統領選挙の勝敗は、トランプ／バイデンの支持率が拮抗している接戦州の勝敗で決まる。

前回、２０１６年大統領選挙の勝敗は、中西部の工業地帯であるラストベルト*、そして天王山であるフロリダ州でトランプが勝利して決まった。それら接戦州の事前世論調査の数字は、実際のところ拮抗しており、最後までトランプかヒラリーかの予断を許さないものだった。

今回、２０１９年末までの世論調査の数字でも、トランプの全米支持率調査の数字は40％前後で推移しており、大統領選挙の勝敗を決する接戦州の世論調査において、支持率は芳しくなかった。むしろ、オハイオ州などの一部を除く、ラストベルト諸州の世論調査では、トランプがバイデンの後塵を拝している事例が大半であったと記憶している。

もともとラストベルトの諸州では、民主党の勢力が伝統的に強く、前回の選挙ではヒラリーの不人気でアフリカ系有権者の棄権票や、民主党から第三極政党へ票の流出が発生し、トランプが辛うじて勝利を掴《つか》んだに過ぎない。

***ラストベルト** 米国中西部から北東部のミシガン州・オハイオ州・ウィスコンシン州・ペンシルベニア州にわたる、鉄鋼・石炭・自動車などの主要産業が衰退した工業地帯。

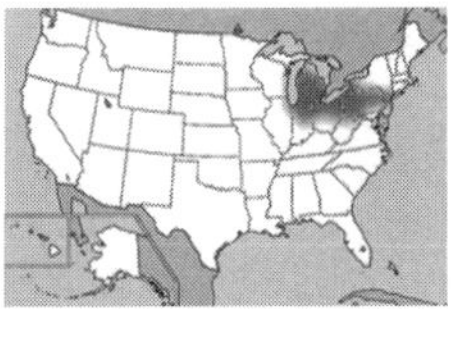

そのため、トランプ大統領の逆転勝利を演出したラストベルトでは、2020年においても民主党の強固な地盤が、共和党に対する高い壁として存在し続けているのが実態だ。

今回の2020年大統領選挙では、2019年末の段階でラストベルトだけでなく、新たに「サンベルト」*も接戦州化していることに特徴がある。

サンベルトとは、南部国境周辺地域の諸州を指す呼び名で、共和党にとっては強固な地盤であるはずの場所だった。しかし、近年ではサンベルトの世論調査の数字も徐々に悪化してきており、今や、トランプ／バイデンの支持率が拮抗する州が現れ始めてしまっている。サンベルトにおける有色人種比率の上昇、および州都、都市部へのリベラル系の人口流入で、保守的な社会風土が徐々に失われつつある。

さらに、サンベルトの人々は自由貿易を好む気風もあり、保護主義的傾向を求めるラストベルトの有権者とは、貿易問題で真逆の利害関係がある。サンベルトの住民は、農業や製造業などの輸出政策振興に熱心だと言えるだろう。

そのため、トランプ大統領が主導した関税政策に対して、サンベルトの中には懐疑的な姿勢を示す層も一定割合存在している。

＊サンベルト
米国南部から南西部、北緯37度以南の地域。合衆国国勢調査局は人口学者Riceの定義した、北緯37度線以南の14州にハワイ州、カリフォルニアとネバダ州の南部を加えた範囲をサンベルトとしている。(Rice,1981)

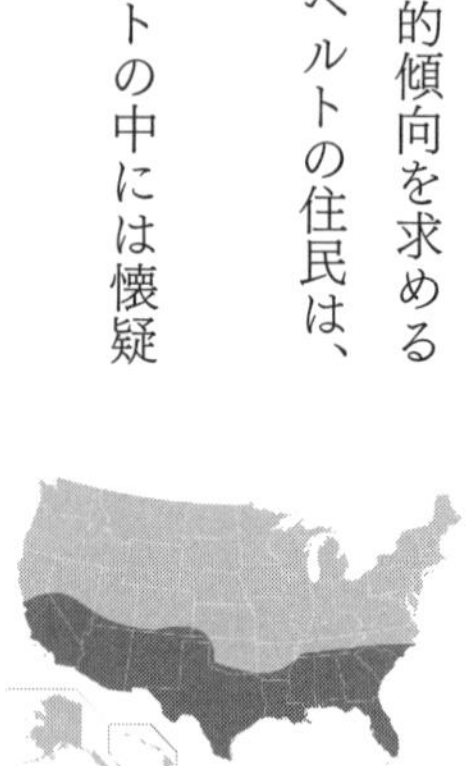

トランプ大統領が中国に対する農産物の輸出にこだわったのは、共和党が楽勝だと思われていたサンベルトや、その他の農業州の「激戦州化」がある。

サンベルトの具体的な選挙情勢として、２０１９年夏頃の世論調査から、共和党の本拠地であるテキサス州で、トランプ／バイデンの世論調査の数字は横一線だった。

バイデンがテキサス州で勝利するという仮説は、過去の選挙結果からリアリティがない話だと思うが、世論調査データだけを見れば、トランプ／バイデンのどちらがテキサス州を制してもおかしくない。

２０１８年の上院議員選挙で共和党のテッド・クルーズ上院議員に対して、民主党のベト・オルーク下院議員が挑戦した際に大激戦となった事例も存在しており、バイデン勝利の可能性は全くのゼロとは言えない。

バイデン陣営もこの状況を理解しており、バイデンが２０２０年３月のスーパーチューズデーで民主党予備選挙勝利を確定させたあと、予備選挙のライバルであったベト・オルーク選対のトップをバイデン選対のトップとして抜擢している。

そして、その他のサンベルトの地域である、ジョージア州、アリゾナ州、フロリダ州などで弱体化した共和党への攻勢をかけつつある。

テッド・クルーズ

ベト・オルーク

つまり、2020年大統領選挙において、トランプ陣営は、「ラストベルトは攻め、サンベルトは守り」という二正面作戦を強いられているのだ。

そのため、トランプの選挙戦メッセージとして、地域的・経済的な利害関係を超克する「ナショナリズムの喚起」が必要とされており、それがトランプ政権の対中国政策に対する強硬姿勢にも間接的につながっている。

トランプ政権があえてテキサス州ヒューストンの中国領事館をスパイ容疑で閉鎖したのは、外交戦略上の意味合いも然《さ》ることながら、米本土・テキサス州の住民に「中国の脅威」を認知させる、選挙戦略上の側面があったことは自明だ。

今や、中国の安全保障上の脅威は米国民に広く認識されつつあるが、それが大々的に喧伝される選挙・政局上の背景を踏まえておくことで、物事の多面的な側面も理解できるようになるだろう。選挙戦略上、ラストベルトを重視するだけで間に合った2016年の選挙環境よりも、ラストベルトとサンベルトという、利害が異なる二地域を見据えた戦いが要求される2020年の環境は、トランプ／バイデンの両陣営にとって、難易度が高い戦いになっている。

グリーン・ニューディールとラストベルトの労働者たち

この項では、ラストベルトを取り巻く環境について、さらに深堀りしておきたい。

２０１６年にトランプの勝利に貢献したラストベルトでは、地域の政治情勢を揺るがす新たな選挙争点が浮上している。

それは２０１８年に大量当選した民主党左派系議員らが主導する「グリーン・ニューディール」政策である。

グリーン・ニューディールは温暖化と格差是正を目的とする政策で、かつてフランクリン・ルーズベルトが実施した、大規模な公共事業政策に環境問題への対応を付加して焼き直したものだ。

グリーン・ニューディールは「10年間でCO_2の排出量をゼロにする」という野心

的な内容を掲げており、その現実性については常に疑問視されている。ただし、オカシオ・コルテス下院議員（↓069ページ）とエドワード・マーキー上院議員によって2019年に実際に法案として提出された事実もあり、この政策の賛同者には民主党予備選挙に出馬していた上院議員らが名前を連ねていたことも注目に値する。

直近ではバイデンの経済政策の柱として同政策が明示的ではないものの、事実上盛り込まれたため、今後ますます無視できない影響力を持つものになるだろう。

では、実際に気候変動に対する対応を求める政治的な声は、どの程度まで高まっているのだろうか。

世論調査機関 Pew Research center が実施した世論調査によると、10年前と比べて米国民の環境問題や気候変動に関する意識は相対的に高まりつつある（左ページ上）。今や、米国民の半数が「気候変動に関する政策を、環境に関する政策の中で優先すべき」と回答している。

また、民主党員の47％が「気候変動に関する政策は、経済にとってプラスである」と回答している。（左ページ下：これは共和党員の52％が「経済にとってマイナスである」と回答している状況とは対照的な状況となっている）民主党において、気候変動に関する政策は、

エドワード・マーキー

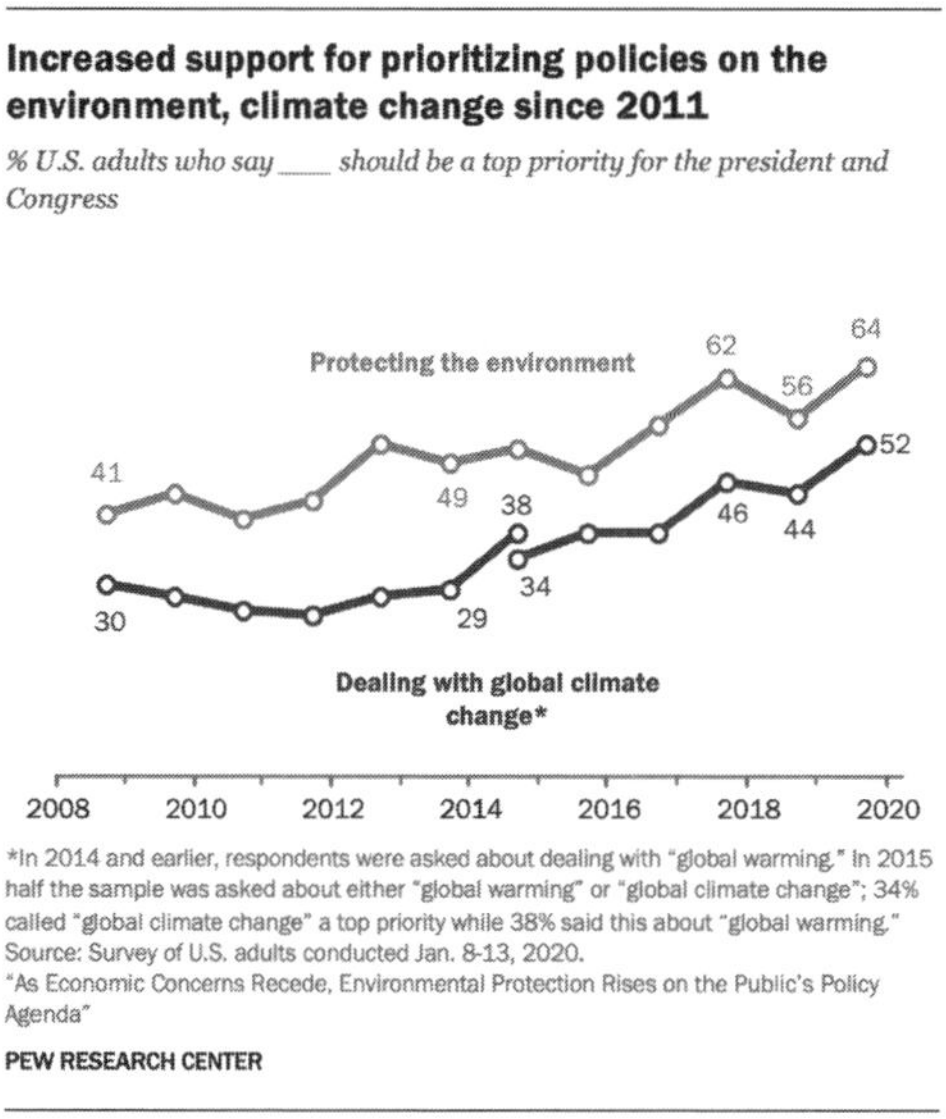
Increased support for prioritizing policies on the environment, climate change since 2011
% U.S. adults who say ____ should be a top priority for the president and Congress
Protecting the environment
41
49
62
56
64
52
38
46
44
34
30
29
Dealing with global climate change*
2008
2010
2012
2014
2016
2018
2020
*In 2014 and earlier, respondents were asked about dealing with "global warming." In 2015 half the sample was asked about either "global warming" or "global climate change"; 34% called "global climate change" a top priority while 38% said this about "global warming."
Source: Survey of U.S. adults conducted Jan. 8-13, 2020.
"As Economic Concerns Recede, Environmental Protection Rises on the Public's Policy Agenda"
PEW RESEARCH CENTER

出典：Pew Reseach Center（270 ページ参照）
「2011 年以降の環境、気候変動に関する政策の優先順位付けに対する支持率の増加」

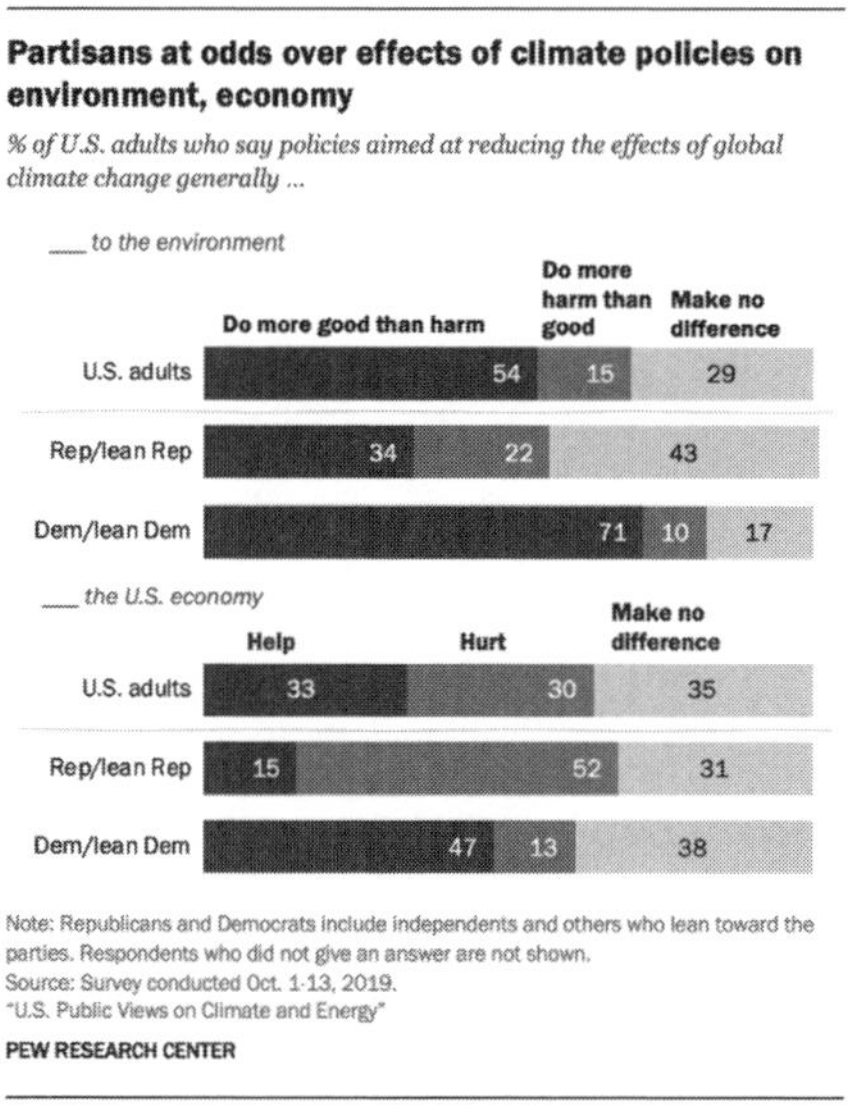
Partisans at odds over effects of climate policies on environment, economy
% of U.S. adults who say policies aimed at reducing the effects of global climate change generally ...
___ to the environment
Do more good than harm
Do more harm than good
Make no difference
U.S. adults 54 15 29
Rep/lean Rep 34 22 43
Dem/lean Dem 71 10 17
___ the U.S. economy
Help
Hurt
Make no difference
U.S. adults 33 30 35
Rep/lean Rep 15 52 31
Dem/lean Dem 47 13 38
Note: Republicans and Democrats include independents and others who lean toward the parties. Respondents who did not give an answer are not shown.
Source: Survey conducted Oct. 1-13, 2019.
"U.S. Public Views on Climate and Energy"
PEW RESEARCH CENTER

出典：Pew Reseach Center（270 ページ参照）「気候変動政策が環境、経済に及ぼす影響をめぐって対立する党派」Dem：民主党／ Rep：共和党

経済政策の一部として認知されつつあると言えるだろう。

さらに、気候変動に関する政策は、民主党の政治家らにとって、ボランティアや選挙資金を確保するための重要な要素にもなってきている。

気候変動問題に関して国連でスピーチしたスウェーデンのグレタ・トゥーンベリさんは非常に有名になったが、実は彼女が実践した、若者による気候変動問題への抗議を理由とした授業のストライキは「サンライズ運動」として米国では知られた運動となっている。同運動は2017年に立ち上げられた左派系のグラスルーツ（草の根運動）であり、化石燃料産業に対して敵対的な姿勢を取る議員らを支援する活動を行っている。

その過激さは徐々に増してきており、2019年2月には共和党上院院内総務であるミッチー・マッコーネル事務所に、同運動に関与する学生が無理やり詰めかけたことで逮捕される事態や、民主党のペロシ下院議長の執務室が運動家によって占拠される事態も発生している。

結果として、民主党は自らと親和性が高い「サンライズ運動」の活発な動きに押し切られて、ペロシ下院議長がグリーン・ニューディールに懐疑的な同僚議員を説得し、「気候変動特別委員会」を設置する妥協案を環境団体側に提示せざるを得ない状況に

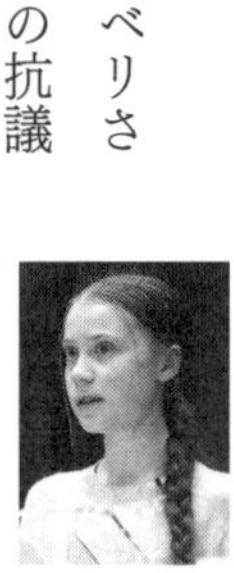

グレタ・トゥーンベリ

グリーン・ニューディールを支持するサンライズ運動に参加する若者

追い込まれることになった。

もはや若者を中心とした環境問題に関する運動の活発化は、容易に流れに棹を差せる状況ではなくなっていると言えるだろう。（共和党員でも、若者で気候変動に対する人為的影響を否定する人は減ってきており、規制や課税ではなく、自由市場を活かした気候変動対策についての議論をしようという動きが現れ始めている）

環境政策を支持しない労働組合

一方、環境政策を推進することに対して、民主党の伝統的な支持母体である労働組合は積極的な態度を示していない。むしろ、労働組合の指導者層は「過度に気候変動に関する対策を推進することは雇用を海外に輸出する行為であり、国内の労働力を失わせるものだ」として非難している。

グリーン・ニューディールの提唱者である民主党議員や運動家らは「新エネルギー産業の新たな雇用を既存産業の労働者に対して提供する」と約束している。しかし、実際の生産現場で働く労働組合側の構成員は、グリーン・ニューディール政策推進派の主張を信じていない。当たり前のことだが、環境問題を改善するため、現在自分が就いている仕事を失うことに同意し、新しい仕事を得ることに諸手を上げて賛同する人は多くない。安定した生活を求める一般の労働者にとって、余計な就業リスクが生じることでしかないからだ。

そもそも労働組合は、労働者の雇用安定と待遇改善を求めるものであって、自らの産業や雇用のスクラップ&ビルドを推進する団体ではない。したがって、労働組合の幹部は「現在の仕事を別のものに移行させる」と軽々しく述べる左派系の環境運動家や民主党議員の主張に対して、懐疑的なスタンスを示し続けている。

そのため、穏健な民主党中道派の連邦議員は、グリーン・ニューディールを推進する動きが過剰なレベルに到達した場合、自らの最大支持母体である既存産業の労働組合にソッポを向かれる可能性に常に悩まされている。

かつて、ラストベルトの労働組合は民主党の厚い支持母体であったが、民主党の過剰な環境規制への傾斜により、2016年の選挙では、同地域から労働者の離反を生み出し、政治的な「お灸」を据えられるというしっぺ返しを招く原因となったからだ。

トランプ大統領が2016年にラストベルトで勝利を獲得した理由の一つがこの気

候変動を巡る規制や水圧破砕法*（フラッキング）禁止の問題であった。選挙結果を受けて、トランプ政権が同地域におけるエネルギー産業、特に炭鉱業に対する規制を緩和したことは特筆に値する。

したがって、2020年大統領選挙において、気候変動問題と労働組合の関係は非常にセンシティブな論点となっている。バイデン陣営は、ラストベルトの労働者に対し、環境問題によって失われる雇用よりも、多くの雇用がインフラ投資によって生まれることを説得しなければならない状況に直面している。

そのため、バイデン陣営は、直接的な国内規制に関する政策より、炭素税調整に関する国際的な取り組みや、インフラ投資に関する側面を重視することで、反対派の主張に対して誤魔化しきる道を選ばざるを得ないだろう。

ただし、環境問題と雇用の両立に失敗し、両者がトレードオフのものとして認識された場合、民主党は環境政策を重視するのか、それとも既存の産業政策を重視するのか、という選択を支持者から迫られることになる。気候変動を巡る問題は、中長期的に貿易政策や国際協力の分野にも影響を与え、対中国も含め、国際政治上の交渉で無視できないほど重要な要素になることは想像に難《かた》くない。

＊水圧破砕法（Hydraulic fracturing）地下層に埋蔵されるシェールガスやシェールオイルを採取するため、岩盤に超高圧の水（化学物質を添加する場合もある）や特殊な砂粒を注入して亀裂を生じさせる方法。大量の水使用を使用することによる当該地域の水不足、排水の地下圧入による地震発生の危険性、化学物質による地下水汚染という問題が懸念されている。

米国の厭戦ムードと中東・アフガンからの撤退

２０２０年６月、ジョン・ボルトン元国家安全保障担当補佐官が自ら著した、トランプ政権暴露本（The Room Where It Happened: A White House Memoir）で「トランプ大統領は習近平国家主席に自らの再選に協力するよう求めた」と指摘したことが話題になった。根っからの教条主義的な国家主義者であるボルトンから見た場合、トランプ大統領の奔放な言動や、原則なき朝令暮改が看過し難《がた》いものであったことは理解できる。しかし、政治行動に際して、本来自らの再選を意識しない政治家など存在しない。

トランプ大統領であろうが、オバマ大統領であろうが、政治家なら誰しも自らの再選を頭に置きながら行動している。ボルトンの告発は、政治に関係する大人として些かナイーブすぎるものだと思う。

翻って、日本の外交・安全保障関係者の中には「トランプ政権には戦略がない」と

ジョン・ボルトン

真面目に発言する人物もいるが、これも極めてナンセンスな主張だろう。

トランプ政権の外交・安全保障政策は、彼らが立脚する共和党保守派のイデオロギーとトランプ大統領の再選戦略の合成物として機能している。

共和党保守派は、国際機関や多国間協定を「官僚機構による腐敗の塊」と認識しており、国際機関をあえて軽視する形で、米国政府自身による「力による交渉」を好む傾向がある。

したがって、外交官らの権益である国務省予算を削りながら、交渉力の裏付けとなる軍事力を確保するため、国防総省の予算を増加させている。そのため、多国間協定や国際機関による仲裁より、関税による単独貿易交渉を選択することも極めて自然な帰結だと理解できるだろう。

軍事予算増加の背景には、世界で多正面作戦を展開するのが困難なほど、米軍が疲弊している現実がある。これでは米国が敵対国から舐《な》められるだけで、まともな対外交渉が難しいことは自明であった。

中東・アフガンにおける、無益で高コストな戦争の継続は、米軍の能力を低下させるとともに中国・ロシアなど敵対国家への対処が困難になる状況を生み出していた。加えて、長引く戦争に米国内では厭戦ムードが漂っており、米国民の人命と戦費の浪費に対する批判も高まっていた。

そのため、トランプ政権は中東において周辺国と妥協しながらＩＳＩＳを速やかに掃討するとともに、イランに対する制裁強化によって影響力を封じ込め、サウジアラビアとの協力関係を強化する選択肢を取った。その上で、タリバンとの和平交渉を進めることにより、アフガンからの撤退を推進している。

ボルトンのように、中東に対して無意味に軍事介入を具申するより、米軍全体の戦略的な意思決定としては、極めて妥当だと思う。

米軍予算追加と中東地域からの撤退は、トランプ政権の支持母体によっても支えられている。当然ながら、軍事予算の増加はオバマ政権時代、予算的に虐げられてきた軍関係者からの支持獲得にも成功した。

軍関係者にとって、予算的に不十分な環境のまま、戦地に赴かされることに賛同するなどあり得ないからだ。したがって、トランプ政権に対する軍関係者からの支持は表面的な言葉には表れていないが、非常に厚いものになっている。

退役軍人もトランプ政権の有力な支持母体であり、中東からの撤退政策は、彼らからも一定の評価を受けていた。

Pew Research Center が2019年5月に実施した調査によると、トランプ大統領に対する最高司令官としての評価で、57％の米国民が否定的な回答をしたのに対し、退役軍人は逆に57％の人々が肯定的に回答している。

同じ調査で、退役軍人たちは平均的な米国民と同程度に「イラク・アフガンでは戦う価値がなかった」と回答している（下図）ことの意味は重い。現地で血を流した人々が、事実上、「撤退同意」を認めているからだ。

したがって、トランプ政権としては、イラク・アフガンからの撤退を確固たる政策として

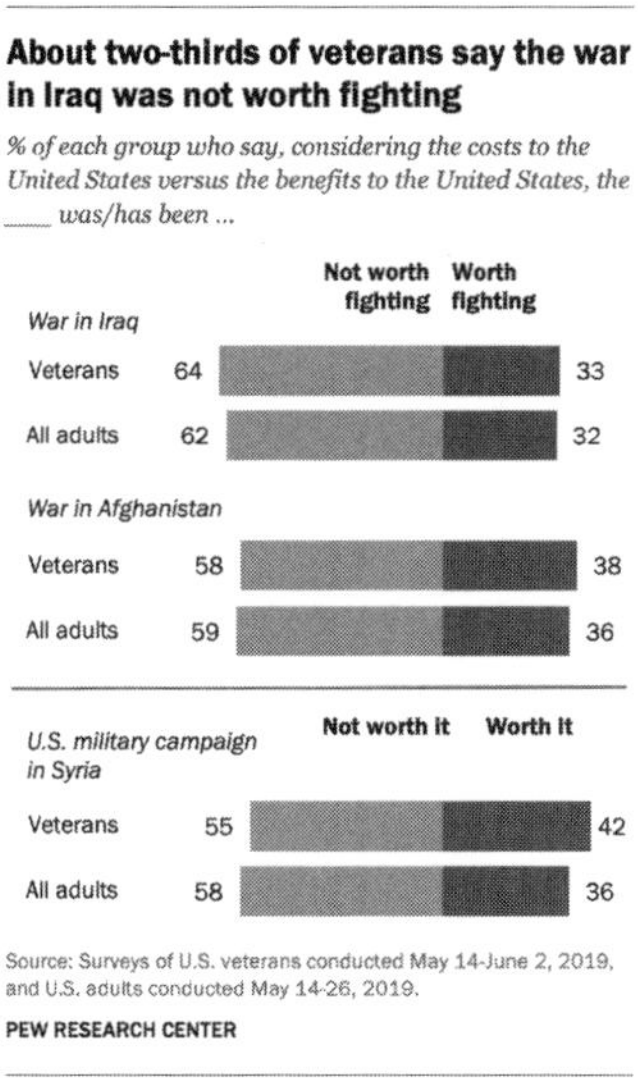

「退役軍人の約３分の２はイラクで戦う価値がなかったと述べている」
出典：Pew Resarch Center（271 ページ参照）

推進できることになる。

一方、イランに対する制裁と、イスラエルに対する全面的な支持（エルサレムへの大使館移転等）は、支持基盤であるキリスト教福音派の人々からの支持を獲得しつつ、中東からの米軍撤退という離れ業を実現する重要な要素と考えるべきだろう。

2020年1月、トランプ政権はイラン革命防衛隊のキーマンであるソレイマニ司令官をイラクで殺害したが、その後、イランの報復を巡る一連のやり取りも、米国・イラン間で米軍撤退に向けた暗黙の意思疎通ができているように感じられた。（前述の世論調査にも見るように、米国による中東地域での戦火再拡大は、米国世論が受け入れないことは明らかで、仮にトランプ大統領が対イラン戦争を本気で開始した場合、その時点でトランプ再選の目は完全に消えただろう）

筆者は過去にキリスト教福音派の人々による対中東強硬論の強さを目の当たりにしたことがあり、軍事情勢の現実と世論の調整を巧みに実現したトランプ政権の内外バランスに対する政治手腕には驚かされた。

ネオコンと決別したトランプ政権

中東からの撤退政策を推進する上で最大のポイントは、トランプ政権が中東政策に関してネオコン*勢力から距離を取った政権という点である。

ネオコン勢力は、中東地域への力による民主主義の普及だけでなく、ソ連の実質的な後継国家であるロシアの影響力削減にも強い関心を示し続けてきた。

彼らの知的な影響力の高さは、政治業界内でのイデオロギー的な支持を生み出した。そして、彼らの政策が地球上で現実に実践された結果として、米国は終わりなき中東での戦争に巻き込まれることになり、米軍は予算不足で悩まされたのである。

ジョージ・W・ブッシュ時代、中東における無謀な民主化戦争を主導したネオコン勢力は、共和党・民主党を問わず、いずれの政党内にも存在し、現在でも自らの政治的主張を押し通すため、精力的に活動を継続している。

そのため、彼らと真逆の政策を推進するトランプ政権が、ネオコン勢力と中東・対ロ政策で対立することは必然的であった。

＊ネオコン
新保守主義（ネオコンサバティズム／ネオコン）
国際政治や国際社会の問題解決に対して、アメリカの理念を実現する場であるとし、アメリカの覇権・介入を重要に考える勢力。

トランプ政権は、ロシアに対する宥和《ゆうわ》的な態度を連邦議員やメディア関係者からたびたび批判されたが、それは「ネオコン勢力を敵に回してきた」という側面もある。実際、筆者がワシントンD.C.で面会したトランプ取り巻きの「親ロ派」とされる人々の印象は、ロシアに対して宥和的というより、「イデオロギーに基づく無益な対外干渉には批判的」というのが実態であった。

ちなみに、2016年選挙でネオコンはマティス前国防長官をトランプへの対抗馬として擁立しようと企てたが、マティスがそのオファーを断ったこともあり、トランプ大統領がマティスに国防長官の椅子を論功行賞として与えている。

その際、マティスへのオファーを断られたネオコンはヒラリー支持に流れており、その後、ヒラリーとともにトランプに政治的な敗北を喫することになった。

外交・安全保障政策は国内世論から遊離した別の世界のものではなく、それらの政策を首尾よく実行したい場合、支持母体による強固な支持の裏付けが必ず求められるものだ。トランプ政権の外交・安全保障政策に関して、さまざまな批判が浴びせられているものの、米軍の再建と自らの再選に向けた世論対策を、中東政策として両立させる試みは見事と言えるだろう。

第3章

新型コロナウイルス問題とジョージ・フロイド事件の影響

トランプ再選に向けたキャンペーンメッセージの混乱

本章では新型コロナウイルス問題、およびジョージ・フロイド氏殺害事件以後の政局動向を整理していく。

2020年7月冒頭、共和党重鎮で選挙戦略のプロであるカール・ローブ元大統領顧問は、Fox News の番組 America's Newsroom のインタビューで、「トランプ陣営は8月の共和党大会前に選挙戦略のリセットを行うべきだ」と主張した。

ローブ氏曰く、「トランプ大統領は、自らに対する世論調査やメディアの評価が間違っている。再選後に何をするのかを示すことが必要である」という主張であった。

同氏の主張に対して、筆者は全面的に賛同する。

筆者は同氏の論稿が掲載されるたび、丹念にその主張の意味を分析している。実際、米国において同氏ほど選挙に精通した戦略家はいないからだ。

カール・ローブ

前章冒頭（→056ページ）で取り上げた一般教書演説について解説したとおり、トランプ陣営の2020年大統領選挙に向けたメッセージ戦略は、新型コロナウイルス問題が発生するまで極めて明確だった。

トランプ大統領は2016年大統領選挙時に困難な選挙公約を掲げたものの、その主要公約の達成率は極めて高く、大減税、規制廃止、国際条約脱退、最高裁判事の保守派指名などの実績を上げてきた。

大統領演説では好調な経済情勢とマイノリティの低失業率が常に強調されるとともに、現役大統領として、政権運営実績のPRを中心に据えた選挙戦が展開されていた。

しかし、トランプ陣営の選挙キャンペーンは、新型コロナウイルス問題によって大幅な変更を余儀なくされた。

特に新型コロナウイルス蔓延を受けて、各州知事の判断で都市封鎖《ロックダウン》され、失業率（特にマイノリティ）が上昇したことは、トランプ大統領の「実績」を訴える選挙メッセージを一瞬で瓦解させてしまった。

未知の疫病の蔓延をトランプ大統領の責めに帰すことが理不尽なのは間違いない。

しかし現状、米国民は、トランプ政権のコロナウイルスに対する制御手腕に関して、極めて懐疑的な評価を下している事実を受け止めざるを得ない。

Real Clear Politics が集計した各種世論調査のデータの加重平均値によると、トランプ大統領の新型コロナウイルスに対する対応手腕に対する米国民の評価は、3月から4月にかけて一時的に高評価を得ていたものの、その後は一貫して最低記録を更新し続けている。

もちろん、新型コロナウイルスの猛威が終わっていないことが主因であるが、一連の対処において、トランプ大統領と政権関係者の発言がブレている点も、米国民の政権に対するマイナス評価拡大に影響を与えている。

トランプは新型コロナウイルスへの対応に関して、米疾病対策センター（CDC）や米国立アレルギー感染症研究所（NIAID）のアンソニー・ファウチ所長を激しく批判してきた。

ファウチは公衆衛生の専門家として同問題に対処してきたペンス副大統領のチームメンバーだが、トランプ政権のメンバーから、政治的な配慮を軽視する発言内容について、たびたび批判が浴びせられている。

アンソニー・ファウチ

特に、2020年7月15日ピーター・ナヴァロ大統領補佐官が、USAトゥデーに掲載した論稿で、ファウチ氏について辛辣な評価を下したことは、トランプ政権の現状を窺《うかが》い知る上で印象深い出来事だった。

ナヴァロが論稿の中で、「ファウチ氏の発言はすべて間違っていた」と述べたことに対し、ホワイトハウスは「同論稿の掲載は政権として正式な手続きを経たものではない」と大急ぎで火消しに回ったのだ。

これは、トランプ政権がコロナ対策に関して首尾一貫した方針とメッセージを有していないことを端的に表した出来事であり、「米国の有権者に対して、いかなるメッセージを伝えて中長期的な安心感を提供していくのか」というプランがまるでないことを意味していた。

選挙戦を戦っているトランプ政権のメンバーがファウチの態度に苛立ちを隠せない気持ちも理解できるが、公衆衛生の専門家に対する批判は無意味であるどころか、多くのサイレントマジョリティからの信頼を失う結果を生み出している。

実際、世論調査会社の Morning Consult 社が定期的に実施している新型コロナウイルスに対する発言の信頼度に関する世論調査*では、米国民のトランプに対する信頼感

＊世論調査：「**全米における COVID-19 対処でファウチはトランプより成績がよかった**」
出典：ELI YOKLEY "As Trump Questions Fauci' s COVID-19 Handling, Voters Give the Doctor Good Marks" 2020 Morning Consult
https://morningconsult.com/2020/07/15/as-trump-questions-faucis-covid-19-handling-voters-give-the-doctor-good-marks/

は、ファウチに対する信頼感を大きく下回っている。

コロナ対策に対する信頼感の喪失はトランプ陣営にとって、無党派層の支持離れを生み出しており、深刻な状況を引き起こしている。

共和党最大の選挙基盤である教会集会の機能不全

米国では新型コロナウイルス下において、各州知事に「経済活動・社会活動に関して不可欠とする施設を特定して活動できるように指定する権限」が与えられている。ただし、各州知事が指定する「不可欠」な施設にはバラつきがあり、対象施設の選定に関して、「恣意的な制度運用だ」とたびたび問題提起されている。

例えば、緊急事態宣言が出されたペンシルベニア州では、州知事がコインランドリー施設を「不可欠」と認めず閉鎖したことにより、激務で多忙を極める医療従事者の生活が困難になるという問題が発生したこともある（もちろん、この事例は問題が表面化したことで直ちに是正された）

一方、2020年5月22日にトランプ大統領は、各州の州知事に対して宗教施設を「必要不可欠」と見なす方針を出すよう求めた。これは、教会での集会が制限されてきたため、憲法上、信仰の自由との兼ね合いで問題視されたことを受けて行われた。トランプ曰く、「バーや人工中絶の施設は不可欠と認めるにも関わらず、宗教施設を、その枠組みから排除することはおかしい」というものであった。

トランプの主張は、精神的な安定のため、教会での集会を求める人も存在することから一理あると言える。

ただし、トランプは「要請に逆らう知事の判断は大統領権限で覆す」と明言し、同時に各州知事に脅しをかけることも忘れなかった。なぜなら、教会での集会は共和党の選挙活動にとって極めて「不可欠」な問題であり、礼拝施設の再開は自らの再選に直結している問題だからである。

米国当局と宗教組織の教会再開を巡って、最も激しい争いになった場所はカリフォルニア州である。カリフォルニア州のニューサム州知事は、全米で最も早い段階から緊急事態宣言を発令し、教会での集会を禁止した。

この宣言に基づく措置が長期化したことで、宗教組織からの憤りは臨界点に達し、2020年5月21日、カリフォルニア州の1200人を超える牧師が月末からの集会再開を要請する事態にまで発展してしまった。

この要請には有力な福音派牧師も参加していたことから、トランプ政権も慌てて対応することを余儀なくされ、前述の方針を打ち出さざるを得なくなったのだ。

2020年の夏になっても、カリフォルニア州知事は再度、教会に自宅待機を要請しており、教会側が州知事を司法の場に訴える事態にまで問題が深刻化したままとなっている。

宗教組織の機能

宗教組織はトランプおよび共和党にとって選挙の主力部隊である。

トランプは政権発足の約3か月後に、非課税措置が適用されている宗教団体に対して、政治活動の制限を緩和する大統領令に署名した。これは共和党を支えるキリスト教福音派などの政治活動を支援する意図が含まれる。

共和党候補者は宗教関連のボランティア活動に支持基盤の拡大を大きく依存しており、新型コロナウイルス蔓延に伴う集会禁止措置で、教会に対する信者の信仰心が揺らぎ、そのネットワークが維持困難になるような事態は、断じて受け入れられないのである。

実際、2020年新型コロナウイルス問題発生後、トランプに対する福音派やカトリックなどによる支持率は低下傾向にある。

アフリカ系の抗議デモに対する、トランプ大統領の強硬姿勢への反発を支持率低下の理由とする向きも多いが、宗教組織自体が新型コロナウイルスによる施設閉鎖の影響で活動不全に陥っている影響を軽視すべきではないだろう。

宗教上、信仰心の涵養にとって対面のコミュニケーションは必要不可欠だ。

多くの人々が宗教者との会話から直接的に影響を受けるとともに、他の信者と同一の空間を共有することは、信者コミュニティの強い一体感につながる。

また、宗教上のコミュニケーションは、多くの米国民にとって生活上のルーチンとして組み込まれており、それは彼らの精神的な安定感にも貢献するものとなっている。

新型コロナウイルスの蔓延によって集会が禁止されると、そのルーチンが崩壊し、精神的な安定が失われるとともに、信仰心の希薄化も生み出すことになる。その結果、人々が精神を安定させるための代替的な場を、教会の集会以外に求めるようになる可能性もある。

これは教会経営にとって極めて問題であり、教会を支える社会関係資本が失われた場合、容易には回復できないだろう。

そして、宗教団体の信者が何か月間も集会を禁止・制限される状態に置かれた場合、教会に対する求心力の低下は、そのまま共和党への支持低下を引き起こす。

トランプ大統領の再選には、選挙運動の土台となる教会の集会再開が欠かせない。ただし、2020年8月現在、第二波の新型コロナウイルスが襲っている米国において、教会が十分な活動を再開できるかは疑わしい。

これはトランプ陣営の再選に対して、その体力を削ぎ落すボディブローとして確実に影響を与えるだろう。

Black Lives Matter とBlue Lives Matter に見る、アイデンティティ政治の作用・反作用

ミネソタ州ミネアポリスで起きた、アフリカ系アメリカ人のジョージ・フロイド氏が白人警察官に首を押さえつけられ窒息死した事件は、警察の権力行使に対する抗議運動を巻き起こすことになった。

この事件はＳＮＳで拡散されるとともに、連日のようにメディア報道されたことで、全米に抗議運動が拡大する状況を生み出した。

抗議運動者たちは「Black Lives Matter」（→０６１ページ）のプラカードを掲げてデモを行っているが、この運動自体は今に始まったものではなく、警察官の横暴に対して、２０１３年に「Black Lives Matter」と呼ばれるアフリカ系住民の生命・身体保護を訴える運動としてスタートしたものだ。そして、「＃Black Lives Matter」というハッ

ジョージ・フロイド氏事件に対する、オレゴン州での追悼モニュメント

シュタグが Twitter 上で拡散して運動が広がるとともに、政治性が非常に強いものになってきた経緯がある。

このようなアイデンティティ政治の高まりは、SNSの発達によって同種の考え方を持った人々が集まることが極めて容易になり、人種、性別や所得を含めたムーブメントとして発展しやすい環境によって助長されている。

また、このことは容易に市民運動を形成しやすい面もあるものの、反対意見の存在を許さないため、集団が過激化しやすい特徴がある。

今回の抗議運動の中には暴徒化した集団も存在しており、米国の歴史的シンボルである銅像を「差別を助長するもの」として撤去・破壊する動きに発展し、店舗に対する略奪や自動車に対する放火、シアトルでは暴徒が市庁舎の一部を占拠する事態に発展し、結果として銃撃事件が発生する最悪の事態を引き起こすに至っている。

過激なグループの一部は「アンティファ*」と呼ばれる一団で、近年では左派系の暴力事件が絡む衝突が発生するたびに目立つようになったグループだ。

アンティファは人種差別反対運動に見えなくもないが、大義名分によってカモフラー

＊アンティファ
「反（アンチ）ファシスト」を意味するドイツ語・英語の略語。1920年代のイタリア、1932年頃ドイツに存在した組織の「反ファシスト行動」、1960〜70年代ドイツから他国へ広がった反ファシスト運動などがある。現在のアンティファ活動はリベラル派が生み出した概念で、明確には定義できない「アンチファシズム」を標榜した無形の運動」であり、特定の組織はない。アメリカでは定期的に特定の州で会議が開かれている。抑圧された人々の救済、権力を持つエリートや富裕層に抗議し、暴力的な行動を起こすことも多い。

ジュした破壊行為を行う、危険な集団に過ぎないものである。

日本では同グループについて大手メディアは報道することはあまりなく、日本人がその姿を確認することもほとんどない。関心がある人はGoogleなどで「Antifa」を検索して、その暴力性について自分の目で確かめてみてほしい。

その上で、暴走した左派勢力を背景として、民主党の左派議員は警察予算削減を要求し、コミュニティによる自治警察での治安確保を志向する主張を行っている。

これはさながら、日本における憲法9条の議論に等しい欺瞞のように思えるが、それを支持する民主党議員もおり、実際に警察解体を主張するケースすら存在する。


このような、人種差別問題への抗議に端を発する危険な暴動が頻発した結果、警察官らは警官のシンボルカラーである「青色」を掲げ、「Blue Lives Matter」という警察官の生命・身体を尊重する運動を開始するようになっている。

大義名分によって正当化された暴動が増加するとともに、コロナ禍による経済危機で社会的緊張が増す中、現場の治安を預かる警察官の生命は、極めて危険にさらされるようになっているからだ。

民主党の著しい左傾化を受けた変化も起きている。警察官の組合は２００８年、２０１２年にオバマ・バイデンを支持し、２０１６年にはいずれの大統領候補も支持しなかったが、このような動きを受け、２０２０年にはトランプ大統領の支持を決定した。

１０００以上の警察署を代表し、24万人以上の警察官が所属する組織が投票先の変更意思を示したことは、極めて大きな出来事だと言えるだろう。

このように行き過ぎたアイデンティティ政治の進展は、従来までの共和党・民主党の支持基盤の組み換えを発生させる要素にもなっている。

今後、特にアイデンティティ政治の作用・反作用が顕著になり、従来まで民主党を支持していた警察官組合のような組織が、次々と共和党支持に転向していく可能性がある。

状況変化に対応した、合理的な判断による支持政党の組み換えが発生する面も米国政治の特徴の一部と言えるだろう。

バイデン元副大統領は本当に人気があるのか

２０１６年大統領選挙では、ヒラリーの圧倒的な優勢が伝えられながら、結果としてトランプ大統領の誕生という結果で終わった。

そのため、２０２０年大統領選挙においてもバイデン優勢はフェイクであり、結果としてトランプ大統領が勝利するのではないか、という声も多く存在する。

確かに、勝負は結果が出てみなければわからない。しかし、その勝負が成り立つ前提は、実際に結果が出る前から確認できることも多い。

バイデン支持の実態を探る

今回、大統領選挙の結果を予測する上で最も重要な要素は、「バイデンの人気は本物か」ということだろう。

２０１６年大統領選当時、トランプとヒラリーの支持率差は多くの人が想像するほど開いていなかった。Realclear Politics が集計した世論調査の加重平均値によると、トランプは２０１５年の共和党予備選挙出馬宣言当初、ヒラリーに大きく支持が劣っていたものの、その後、最大でも11％前後しか全米支持率で引き離されていなかった。（下図）

２０１６年以降で全米支持率で最大の差がついた時点は２０１６年４月であるが、それはトランプが予備選挙勝利をほぼ確実にしたものの、共和党内からの政治的な支援がほとんど得られず、孤立していた時の世論調査結果である。

当時、トランプ陣営の貧弱な体制と、ヒラリー陣営の安定した戦いぶりが世論調査の差と相まって、

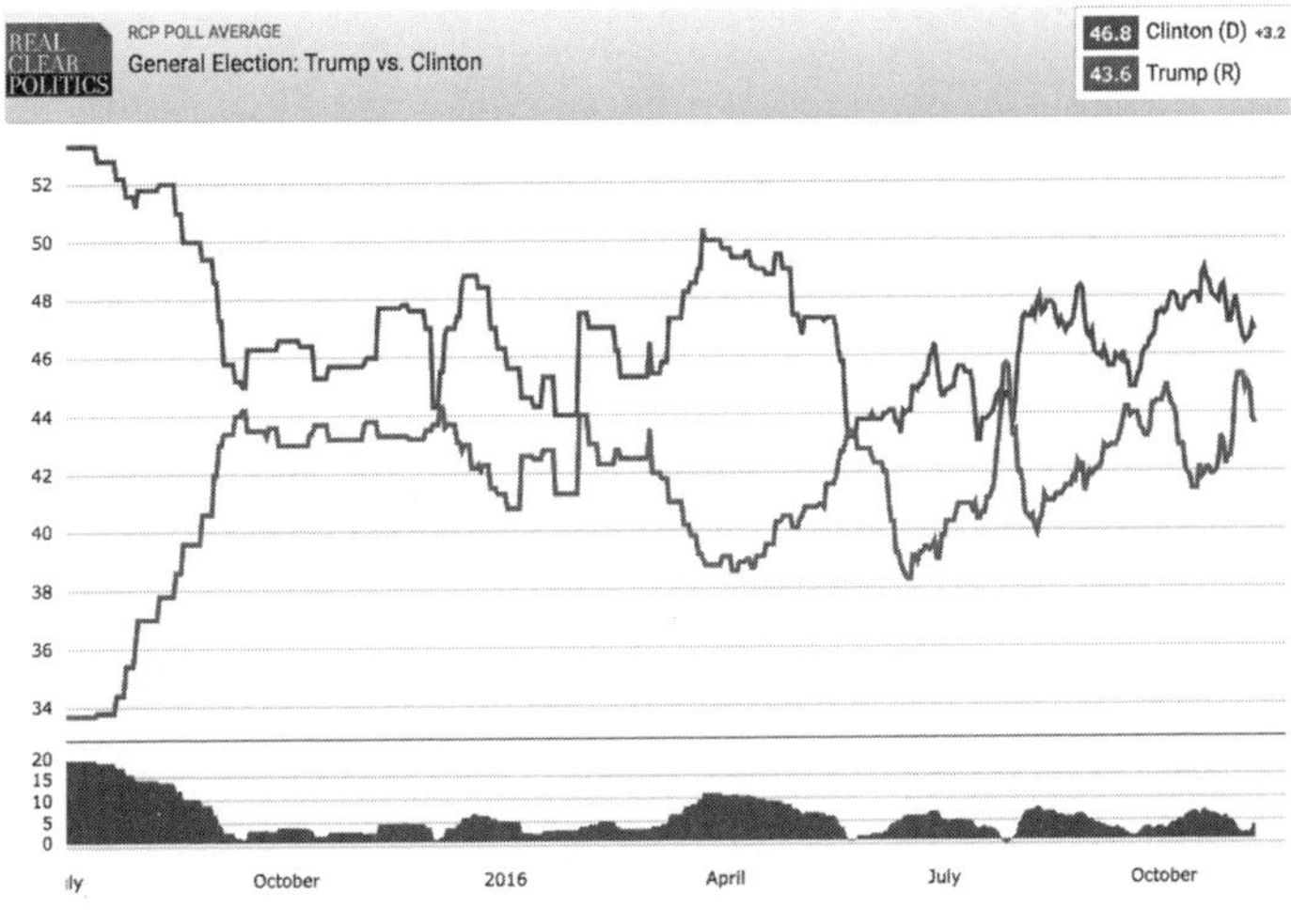

2016 年大統領選挙におけるヒラリーとトランプの支持率（上がヒラリー・下がトランプ）
出典：REAL CLEAR POLITICS（271 ページ参照）

最終的な勝敗について世間の判断を錯覚させる原因の一つとなった。

その思い違いはヒラリー自身にも及び、ヒラリーは傲慢さから選挙戦を左右したラストベルトでの広告展開や集会開催を怠り、トランプに足元をすくわれることになった。（実際トランプは何度もヒラリーに全米支持率で肉薄し、特に8月半ば過ぎには共和党保守派からの支援を得て支持率差を徐々に詰めていたにも関わらず）

では、2020年トランプとバイデンの支持率差を見てみよう。本書執筆時の8月現在まで、トランプはバイデンを全米支持率で一度も逆転したことがない。（下図）

2016年大統領選挙で勝敗を左右した主な接戦州でもバイデンがトランプに対して優勢を確立しており、

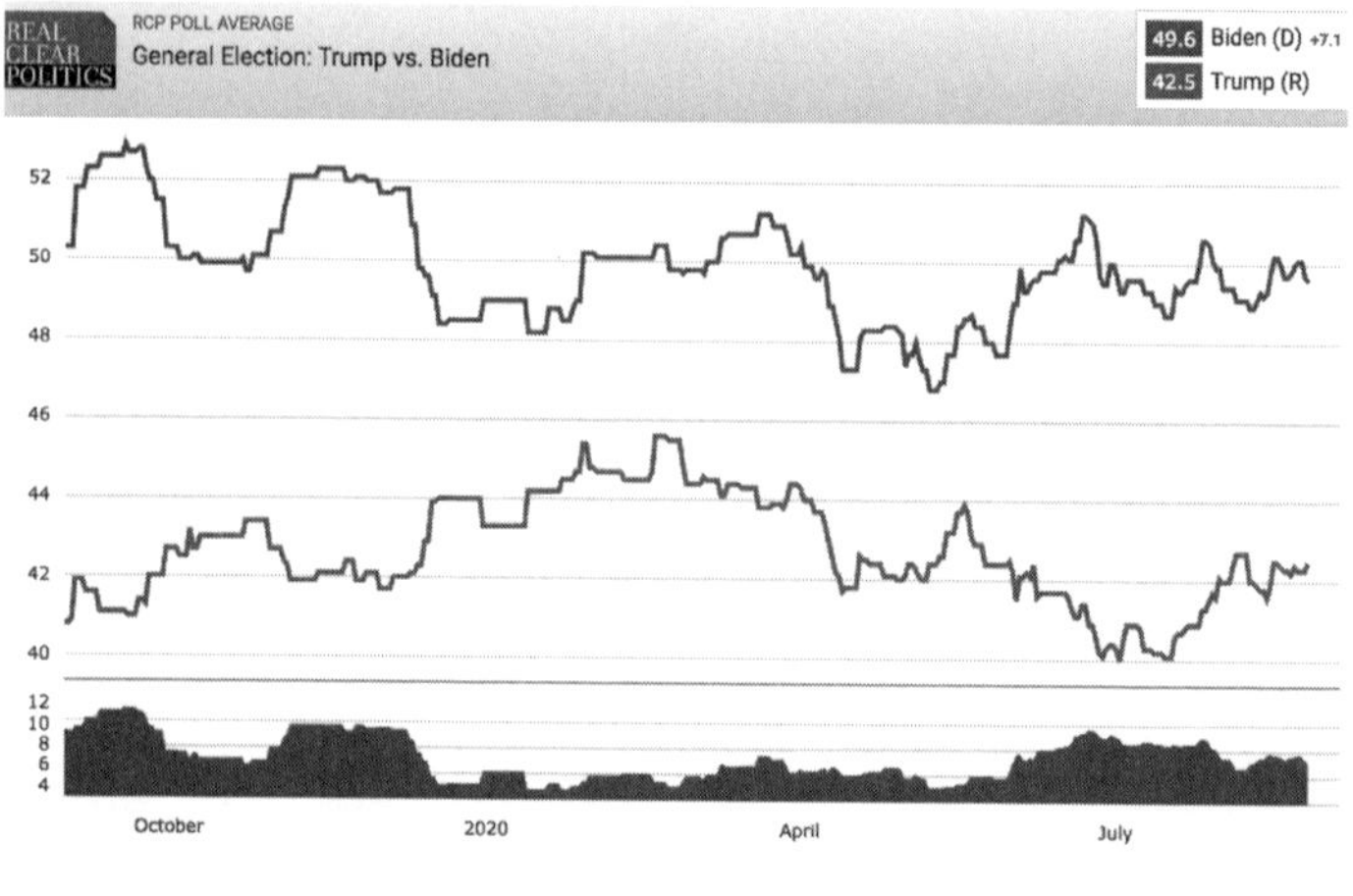

2020年大統領選挙におけるトランプとバイデンの支持率（上がバイデン・下がトランプ）
出典：REAL CLEAR POLITICS（271ページ参照）

共和党の金城湯池《きんじょうとうち》(他の攻撃に対して堅固な備え)と見られるサンベルトでも両者はほぼ互角の戦いを演じている。これだけでも2016年とは大きな相違があると言ってよいだろう。

さらに資金面でも組織面でも、2020年の環境は2016年の環境とは全く異なる状況になっている。

トランプ陣営は選挙態勢がボロボロだった前回選挙とは異なり、現役大統領陣営として豊富な資金力と党組織によって支えられている。

ブッシュ元大統領が組織する「リンカーンプロジェクト」*などの党内反トランプ組織はあるものの、今のところ、影響は限定的なものに留まっている。(前回もその手の人々は存在したので、影響をわざわざ考慮する必要もないだろう)

一方、バイデン陣営は、2020年第1四半期の予備選挙時に資金力不足が懸念されたように、豊富な活動力を誇る左派系市民団体からの支援は得られていかなかった。

バイデンを支えていたのは、民主党議員や労働組合などの既得権益層で、トランプ大統領を相手に大統領選挙を展開するには支持者による熱量が明らかに不足していた。

＊リンカーンプロジェクト　2019年12月に発足し、2020年第1四半期(1〜3月)に250万ドル(約2億6900万円)の献金を集めた、反トランプの共和党系スーパーPAC(特別政治行動委員会)。「米憲法を尊重する民主党候補であれば受容する」と述べ、2020年5月に広告でバイデン氏を「政党政治ではなく、よいアイデアを優先できる、党派を超えたリーダー」として、米大統領選で同氏を支援すると表明している。

バイデンが民主党大統領候補者指名の内定を受け、陣営に急速に資金力と組織力が整備されてきたのは2020年4〜5月にかけてのことだ。

5月・6月の集金額でバイデンはトランプを上回るとともに、支持率でも突き放し始めている。

7月段階ではトランプの集金額がバイデンをわずかに上回ったが、現職の大統領とほぼ互角の状況だ。

広告出稿先もラストベルトなどの接戦州に集中しており、バイデン陣営に、前回2016年のヒラリー陣営のような驕りはない。

これらの増加し続ける小口献金の濁流は、11月の大統領選挙・連邦議会議員選挙を飲み込んでいくことになるだろう。（下図）

民主党の候補者ができることは、この流れに水を差さないよう選挙戦をうまく泳ぎ切るだけである。

CYCLE-TO-CYCLE COMPARISON

	2016 cycle through July '16	2018 cycle through July '18	2020 cycle through July '20
Contributions	16,916,540	27,992,635	76,439,270
Total Amount	$537,087,111	$996,099,934	$2,535,977,190
Average Contribution Size	$31.75	$35.58	$33.18
Unique Donors	3,032,700	3,796,185	11,272,225
Unique Campaigns, Committees, and Organizations	5,706	12,896	19,306

民主党のネット小口献金「ActBlue」に寄せられた期間ごとの献金額推移
出典：ActBlue blog（271ページ参照）

トランプには否定的でも、熱狂のないバイデン支持者

世論調査上の支持率差や小口献金額だけから、バイデン自身の人気が本物か否かを判断するのは非常に難しいのも事実だ。バイデン支持者は、バイデンに対する「熱狂」を有していない。その熱狂はサンダースやウォーレンらを支持している左派陣営の中にこそ存在する。バイデンには「オバマの副大統領」としてアフリカ系有権者から一定の支持はあるものの、ヒスパニックの若者から支持があるわけではない。

また、トランプ大統領に対して激しい拒否感を持っている郊外の女性群も、バイデン自身に対して好意を持っているとは言い難《がた》い。

バイデン陣営は「コロナが終息するまで選挙集会を開かない」と述べているが、それはトランプ陣営と比べ、動員能力差が露見する可能性を回避する意図もあると推測されている。率直に言って、バイデンの最大の強みは「彼がオバマの副大統領であった」ということであり、それ以上に知られていることは少ない。

バイデンに投票する動機の大半は「トランプ大統領に対する反感」であり、民主党陣営は今回の大統領選挙で、それ以上のものを必要としていないとも言える。つまり、「このままバイデンを隠しきれれば、民主党は大統領選挙に勝利できる」という腹積もりであろう。

現状のトランプ／バイデンの支持率差は、新型コロナウイルス問題に対するトランプ陣営側の戦略ミス、民主党自体の勢い、バイデン陣営側の抜かりのなさによる差と考えることが妥当だ。

バイデンの熱狂なき選挙戦が、実際にどのような結果をもたらすのかは、今後の米国政治の在り方を捉えていく上で非常に興味深いものである。

バイデンの経済政策で顕著に表れた選挙戦略

2020年7月9日、多くの米国政治ウォッチャーが注目していたバイデン元副大統領の経済政策が発表された。

バイデン氏が幼少期を過ごしたペンシルベニア州で行われた演説は、会場に金属工場という舞台装置を選ぶ用意周到さであり、ヒラリーが敗北したラストベルトの工業地帯を強烈に意識したものだ。ところが、バイデンの経済政策内容は、方向性を欠く「玉虫色の政策」であった。

筆者は、この政策の打ち出し方について「トランプ大統領に対抗するために、バイデンの存在感を消す」という戦略の一環として見事であったと思う。

民主党陣営はバイデンを可能な限り露出させない「バンカー戦略」を取っている。

バイデンは演説や対談中の舌禍、物忘れなどがたびたび指摘されており、過剰な露出は、現在の優勢を崩してしまう可能性を孕《はら》んでいる。

そのためバイデンは、コロナ禍を理由に自宅からのインターネット中継以外、ほとんど露出せず、大統領選挙としては異例の静かな選挙戦を挑んでいる。

バイデンの経済政策を検証する

バイデンの経済対策は"Build Back Better"(よりよい復興)というキャッチフレーズの下、「製造業振興」「インフラ整備(環境関連)」「教育・福祉」「人種的平等」という四つのカテゴリーに分かれている。この四つのカテゴリーはバイデン政権が狙っている支持者層とそのまま一致するものだ。

製造業の振興策

四本柱の第一弾として打ち出された「Made in All of America」政策は、まさにトランプ政権のお株をそのまま奪う「丸パクリ」だった。

バイデンの経済政策はメディアに注目されていたため、第一弾の発表は、多くの紙面を確保したが、内容はトランプ政権とほぼ同じで、やはりバイデンの存在感をうまく打ち消すことに成功している。

第一弾は、総額75兆円の製造業などに対する振興政策を掲げたものだった。特に「Buy American」と題した項目は、「自国製品の振興政策をより厳密に進める」という内容で、民主党にとって、伝統的な支持基盤である労働組合に配慮したものだと言える。

4年間で4000億ドルの政府調達を実施することを宣言し、その投資分野はクリーンエネルギー発電分野、インフラ分野、そして戦略産業分野（環境に配慮した自動車、医薬品および医療関連製品、AIや通信などのハイテク）などが明言された

また、この4000億ドルの他に「Innovation in America」と称して研究開発に対する3000億ドルの大規模な投資も経済政策に盛り込まれている。これは「中国製造2025」に対抗するため、米国の研究技術開発に投資するものだ。

さらに「Stand up for America」や「Supply America」の掛け声の下、中国の不公正な貿易慣行や知的財産権侵害、中国等から自国への製造サプライチェーン回帰などが並んでいる。

対中国の産業政策に関する方針もトランプ政権と瓜二つで、トランプかバイデンかの区別はほぼないと言ってよい。このような政策ラインナップを並べることで、トランプ陣営からの責めどころをなくし、無難に終わらせようという趣旨が嫌でも伝わってくる内容になっている。

グリーン・ニューディール

2本目の柱はグリーン・ニューディールである。（同政策の呼び名はあえて用いられていない）

バイデンは太陽光発電の推進など、気候変動に関わる分野に対して200兆円を超える大型投資を行う計画を発表している。これは一見、労働組合から激しい反発を招きそうであるが、実は単なる公共事業振興によるインフラ投資政策に過ぎない。具体的には太陽光発電や風力発電を増やし、発電設備からの排出量を2035年までにゼロにするというものだ。これによって、バイデンは「500万人の雇用を生み出す」と明言している。

このバイデンの一連の気候変動に関する政策では、民主党が本来ふれるべき政策に言及していないことがわかる。それはシェール関連産業で掘削時に必要となる「水圧破砕法の禁止」である。

バイデンはグリーン投資の促進、排出量ゼロを訴え、気候変動に対応しない現政権に対して炭素税調整を行うなどの主張をしているものの、オハイオ、ペンシルベニアなどのラストベルトで争点となり得る水圧破砕法による掘削法は、あえて、言及が避けられている。

左派が求める政策にふれないことで、やはりトランプ政権からの争点化を避けて自らの影を薄くしようという意図が読み取れる。

女性・マイノリティ対策

経済政策の第3弾と第4弾は、それぞれ「女性」と「マイノリティ」というアイデンティティ政治を意識した内容になっている。

家庭の保護者に対して、生活状況を改善するために並べられた、教育政策、介護政策、子育て政策、障がい者政策などは、民主党らしい政策のオンパレードで、さらにマイノリティ向けの政策として、小規模なビジネスファンド創設や住宅促進政策も打ち出している。

実際にはトランプ政権も類似の政策を打ち出しているものの、政策をアピールするタイミングとして、人種問題や雇用問題で紛糾しているトランプ政権に対するアンチテーゼとして打ち出す試合巧者ぶりは大したものである。

ただし、これらの福祉的な政策についても、物議を醸《かも》しそうな政策はあえて外されている。

具体的には、米国版の皆保険制度である「メディケア・フォー・オール」は盛り込まれていない。労働政策、女性支援、マイノリティ支援などの福祉的な要素がある政策は盛り込まれたものの、サンダースやウォーレンによる社会保障政策の一丁目一番地であるメディケア・フォー・オールは、意図的に取り除かれている。

あくまで経済政策の公表であることを前提としても、それらについて言及しない点は、共和党からの「社会主義批判」を回避する意図があると推定される。

実は、バイデンは経済政策を発表する前に、サンダースら党内左派との政策協定を終わらせており、大統領選挙の公約には左派色が強すぎる政策を盛り込まないことで合意している。

党内左派はバイデンとの小異を捨てて「トランプを倒す」という大同の旗に賛同を示したことになる。この点も党内左派と決定的に決裂したヒラリーと違い、極めて穏便に物事を済ませるバイデンらしさが滲み出たやり方である。

その結果、バイデンの経済政策には、選挙争点になりそうな民主党左派が求める内容のうち、決定的な要素は、ほぼ盛り込まれていないのだ。

環境関連や労働法制強化などは共和党保守派にとって不満であろうが、中道派から見ると一定のバランス感覚があるように見える。そのため、共和党支持者からのバイデンの経済政策に対する評価を分断する効果もある。

最も重要になるポイントは、バイデンの経済政策の財源である。この点についても、法人税を21%→28%まで戻すこと、富裕層による不動産投資への課税を強化することなどが述べられただけだ。

トランプが35%の法人税率を21%にまで引き下げたのに対して、バイデンは減税分の半分だけ元に戻すことを主張しており、富裕層課税についてはふれるものの、中間世帯の増税についてはふれようとしない。

この程度の増税であれば、共和党内の主流派などは説得される可能性があるため、共和党保守派が増税批判を過熱させようとしても、政治的な効果が限定的な状況に留まる可能性がある。

以上のように、バイデンの政策は実に「玉虫色」であり、よくも悪くも評価しにくい特徴を持っている。そして細かい違いはあるものの、その内容の大半は、トランプ政権と方向性が似通っているのだ。

このような政策方針を採用することで、有権者に対して「トランプかバイデンか」という選択を迫るのではなく、「トランプじゃなくてもいいか」という判断を促すことがバイデン陣営の狙いであることは明らかだ。

もちろん民主党左派は政権奪取後にイデオロギー色が強い政策を粛々と推進することが予測されるため、これはあくまでも「バイデンを目立たせない」という選挙戦略上の方便に過ぎないことを忘れてはならない。

バイデン陣営、五つの死角

前述のとおり、バイデンは必ずしも自身の人気があるわけでなく、トランプ陣営のミスと民主党の勢いに乗っかる形でうまくやり過ごしてきたと言える。

ただし、バイデンがトランプ大統領に対し、11月の本選までに逃げ切りを達成するために越えなければならないポイントは五つほど存在する。

ここでは「バイデン、五つの死角」としてウィークポイントを取り上げていく。

①バイデンの自身の能力問題

第1の死角は、バイデン自身の能力の問題である。

バイデンは投票日時点、78歳の高齢で、身体的・精神的な健康が危ぶまれている。

現状でも、記者会見での質問を制限することがあり、予《あらか》め用意された原稿に基づいて回答する以外、突然、呂律《ろれつ》が回らなくなったこともある。ラスムセン社が6月29日に公表した世論調査では、「バイデンは認知症を患っていると思うか」という質問について、有権者の38%、民主党員の20%が同意している。

9月に予定されているトランプとの直接討論会において、万が一、バイデンがトランプとの質疑応答に全くついていけなかった場合、有権者からバイデンへの評価は急速に失われることになるだろう。

バイデン陣営は、トランプ陣営から討論会の追加要請を断り続けている事実から見ても、バイデン自身の能力に不安を抱えていることを示している。

②バイデンの家族やスタッフのスキャンダル

第2の死角は、バイデンの親族に関するスキャンダルである。

特に、次男であるハンター・バイデンのウクライナや中国でのカネを巡る問題は、バイデンにとって、喉に刺さった魚の骨のようなものだ。

実際、過去にバイデンが事実上、次男のためウクライナに介入したことを示唆する発言をした動画が残っており、格好のネガティブキャンペーン材料になっている。

ハンター・バイデンは、中国で共産党系企業と投資事業を行っており、対中世論が沸き起こる中、極めて深刻な問題になっている。

共和党側としては、中国とバイデンの間に存在するスキャンダルを徹底的に宣伝し、「バイデンは親中派」というイメージを作ることができれば、トランプ逆転の可能性も出てくる。

バイデンの家族や外交・安全保障のアドバイザーによる、過去の中国に対する親和的な発言を周知していくことにより、バイデンのイメージは、大幅に毀損していくだろう。

③オバマゲート事件の進展

第3の死角は、オバマゲート事件である。

2016年大統領選挙期間中にオバマ政権が政府機関を用いてトランプ選対を監視

していた事件について、政府から文書が公開されつつある。この事件が真実である場合、ウォーターゲート事件並みの巨大スキャンダルに発展していく可能性がある。

トランプ政権で最初の国家安全保障担当補佐官であったマイケル・フリンは、同事件の犠牲者第1号と言えるが、同氏に対する司法省による訴訟は既に取り下げられており、彼の偽証罪もFBIのでっち上げに近いものであったことが判明している。

フリン訴訟に関するニュースは毎週のように進展しており、「なぜそのような事件が起きたのか」が解明されていくことになるだろう。

そして、トランプのロシアゲート疑惑の捜査の発端について調査していたジョン・ダーラム検事の追加調査も大統領選挙までに完了すると思われる。

その調査内容は、「民主党政権が違法にロシアゲートの捜査を開始したこと」を指摘する内容と想定されており、ワシントンタイムズ紙への独占インタビューの中で、トランプ自身、ダーラム検事がまとめつつある報告書に、今後注目が集まる可能性を示唆している。

マイケル・フリン

ジョン・ダーラム

④民主党自体の著しい左傾化による自滅

第4の死角は、民主党側の著しい左傾化による、サイレントマジョリティからの反発である。

現在、民主党は増大する左派系小口献金の影響を受け、共和党員はもちろん、無党派層が受け入れ難《がた》い政策を容認しているように見える。

不法移民への甘すぎる対応や、人種差別を巡る過激な抗議の容認などは、必ずしも万人に受け入れられる政策ではない。

さらに、増税政策、環境規制強化、医療保険強化などは、接戦州の得票に対してマイナスの影響を及ぼすだろう。

特に、オカシオ・コルテス（→069ページ）やイルハン・オマルなどの左派系下院議員は問題発言が非常に多く、その発言やスキャンダルなどがメディアでネガティブな形で大きく取り上げられることがあれば、バイデンの支持にも影響が出る可能性がある。

イルハン・オマル

⑤深刻な安全保障上の問題の発生

第5の死角は、深刻な安全保障上の問題が発生することだ。

例えば、中国、北朝鮮、ベネズエラなどと何らかの形で小規模な紛争に突入した場合、戦時の米国大統領を変更することは難しくなるだろう。

中東からの撤退はトランプ、バイデン双方のコンセンサスであることから、今後紛争が発生する場合は、東アジアか中南米になることが予測される。

トランプは戦争や紛争を極力避ける傾向があり、このケースがあり得るとしたら、偶発的な戦闘の可能性が高いため、具体的な事態を事前に予測することは困難である。

以上のように、バイデン優位を揺るがす要素はいくつか存在しており、まだ勝負は完全に決まったわけではない。共和党側の攻め手は残されているため、今後の展開はますます注目に値するだろう。

カマラ・ハリス副大統領候補は実質的な大統領候補なのか

バイデンが選んだ副大統領候補者であるカマラ・ハリス上院議員（カリフォルニア州選出）は、バイデンの年齢や体調を考慮すると、実質的な大統領候補者と見なすこともできる。

カマラ・ハリスが選ばれた理由、彼女が選挙戦や政局構造に与える影響、そして、仮にバイデンが当選し、任期途中で同女史に大統領職を引き継ぐことになった場合、何が起きるのかを検討しておきたい。

カマラ・ハリスが副大統領候補者に選ばれた意味合いは、副大統領候補者に名前が挙がっていながら実際には選ばれなかった候補者たちとの比較で浮き彫りになる。

中途では10名近い候補者が取り沙汰されながら、最終的に有力候補者と見なされていたのはカマラ・ハリスも含めて5～6名であった。

カマラ・ハリス

カレン・バス下院議員は黒人議員連盟議長であり、バイデンと同じように家族を交通事故で亡くし、穏健な人柄と政治姿勢で民主党だけでなく共和党からも一定の信頼を得ている有力候補者として、副大統領候補者選びの最終盤で名前が急浮上してきた。しかし、キューバのカストロを賛美するような発言やサイエントロジー（L・ロンハバードが創設した新興宗教）礼賛などを指摘されるスキャンダルが発生し、フロリダ票や非宗教層の票を意識して候補者選びから脱落することになった。

ニューメキシコ州知事ミッシェル・グリシャムはラテン系として注目されていた。新型コロナウイルス対策に関して非常に強硬な施策を実施しており、周辺州よりも感染を食い止めている実績が評価されていた。バイデンはアフリカ系に一定の強みを持つがヒスパニック層はあまり強くないので、その点を補完することが期待されていた。

タミー・ダックワース上院議員はタイ系米国人でイラク戦争に従軍した際、ヘリコプターが撃墜されて両足を切断し、その後、出産を経験した愛国者の鏡のような退役軍人。

カレン・バス

ミッシェル・グリシャム

タミー・ダックワース

フロリダ州選出のバル・デミングス下院議員は地元市の警察署長としての経歴を持ち、ウクライナ疑惑で激しくトランプ政権を追及したことで知られた人物だ。

この他、大統領候補を争った左派のエリザベス・ウォーレンの名前も挙がっていた。これらの人物を押しのけ、なぜ、カマラ・ハリスは副大統領候補者に選出されたのか。アフリカ系というだけならバスが適切で、ヒスパニック・コロナ対策・州知事経験ならグリシャム、安全保障ならダックワース、法と秩序ならデミングス、左派の勢いならウォーレン、それぞれの特徴的な強みを超える要素がカマラ・ハリスにはあったのだろうか。

筆者の見立てでは、カマラ・ハリスは他候補者が有している秀でた特徴を何一つ上回るものを持っていないと思う。

検事時代・司法長官時代の実績・素行について芳しくない評判があるとともに、上院議員として目覚ましい成果を上げたとも言えない。

そして、実は有色人種からの評判も必ずしも高くなく、過度に野心的な性格とエスタブリッシュメント臭もあって、左派系から熱烈な支持を受けているわけでもない。

バル・デミングス

エリザベス・ウォーレン

万が一、バイデンが大統領職を退くことになった場合に求められる外交・安全保障政策については、ほぼ素人に近いと言ってよいだろう。

カマラ・ハリス選出の理由

カマラ・ハリスが選出された理由は党内融和、言い換えるなら「妥協の産物」だと言える。

カマラ・ハリスは予備選挙討論会でバイデンの過去の投票履歴について「人種差別だ」と糾弾した。その姿は人々の記憶に焼き付いており、バイデンの弱点となる可能性もあった。カマラ・ハリスを副大統領候補者に据えるというのは、その時のシコリを解消する行為でしかない。

また、カマラ・ハリスは民主党にとって、大資金源であるカリフォルニア州選出議員であり、予備選挙撤退後にバイデン選対幹部としてハリス選対幹部が入りこんでいた。そうした資金面での党内における政治的圧力が、副大統領候補者選びに影響を与えたことは否めないだろう。

対トランプ、対政権運営という意欲的な選択というより、バイデン陣営は党内事情を背景としてカマラ・ハリスを選ばざるを得なかったと推測するのが妥当だろう。
しかしそれは同時に、バイデン陣営がトランプ陣営を甘く見ていることを意味している。

民主党にとって、この選択は組織防衛の一手かもしれない。しかし、トランプ陣営・共和党にとっては、妥協の産物で生まれた副大統領候補者という、新たな攻撃の切り口を手に入れたと言える。

メディア露出を控えるバイデンに対して、カマラ・ハリスはどうしてもそのキャラクターの特性上、ある程度目立たざるを得ない。そして、彼女はペンス副大統領と比べて、あまりにも利己的であり、経験不足である。

そのため、カマラ・ハリスを「バイデンに代わる実質的な大統領候補者」と見なした上での共和党によるネガティブ・キャンペーンは、選挙戦略上、功を奏することになる可能性が高いと言えるだろう。

トランプ再選に向けた保守派の戦略

さて、ここからは共和党側の攻め手を検証していきたい。

新型コロナウイルス問題が猛威を振るい、アフリカ系人種問題に関する抗議運動が激化する中、トランプ陣営および共和党保守派は、選挙キャンペーンの立て直しを図る必要がある。

その際、梃《てこ》の原理として働く可能性があるキャンペーン・メッセージの要素をいくつか整理してみた。既にトランプ陣営が採用しているものもあれば、筆者が独自に考案したものも含まれている。

トランプ陣営がどのような決断を行うのか、仮にトランプ大統領が再選した場合、大統領選挙のメッセージは政権全体の方針を決めることになるため、その内容は極めて重要だと言えるだろう。

小学生からシニア世代まで たくさんの感想が 寄せられています！

中学受験のあとの
グループディスカッションで
自信を持って意見を言えました　（10代・小学生）

ずっと「自分は話すのが苦手」と思い込んでいました。でもこの本を読んで積極的に話したいと前向きになりました　（20代・会社員）

本書で紹介されていた「拡張話法」は「実践する価値アリだ！」と思いました

（50代・管理職）

日常生活でも活用できるコツがいっぱいありますよ。人と話すことが苦手な方に絶対オススメしたい１冊です！　（40代・主婦）

永松 茂久（ながまつ・しげひさ）

株式会社人財育成 JAPAN 代表取締役。永松義塾主宰。知覧「ホタル館富屋食堂」特任館長。大分県中津市生まれ。「一流の人材を集めるのではなく、今いる人間を一流にする」というコンセプトのユニークな人材育成法には定評があり、全国で数多くの講演、セミナーを実施。「人のあり方」を伝えるニューリーダーとして、多くの若者から圧倒的な支持を得ており、講演の累積動員数は延べ 40 万人にのぼる。経営、講演だけではなく、執筆、人材育成、出版スタジオ主宰、イベント主催、映像編集、経営コンサルティング、ブランディングプロデュース、自身のセオリーを伝える『永松義塾』の主宰など、数々の事業を展開する実業家。

ほぼすべての世論調査の結果として、トランプがバイデンに対して数字で上回っている要素が一つだけ存在する。それは「経済手腕に関する評価」である。

増税を平然と口にするバイデンに対して、女性層は潜在的な反感を抱いている可能性が高く、トランプにとって、失った支持層を取り戻す最大のアピールポイントだと言える。

トランプが「Make America Great Again」の標語を再び繰り返すようになっているのも、「トランプ大統領の手腕による経済危機からの立て直し」というメッセージを有権者に送っていると捉えるべきだろう。

この作戦が有効に機能するためには、11月の大統領選挙までに雇用統計が劇的に改善していることが望まれる。特にアフリカ系・ヒスパニック系の失業率改善状況は、選挙結果に対して重大（クリティカル）な要素となってくるだろう。

コロナ渦からの劇的な経済回復

8月現在、新型コロナウイルスが止《とど》まることなく拡大している状況から、このやり方は極めてオーソドックスな手法であるものの、トランプの強運に身を委ねることを意味しており、再選戦略としては、極めてリスキーな選択だと言えるだろう。

連邦政府vs.州政府（法と秩序）

現在、米国が抱えている社会問題は、主に民主党の州知事・市長が存在する地域に集中している。「都市封鎖《ロックダウン》・不法移民・暴動」などの大半は、すべて民主党政治の機能不全から引き起こされているものであり、「法と秩序を重視するトランプ政権が、連邦政府の経営を継続することが望ましい」とするメッセージだ。

「法と秩序」のフレーズは、公民権運動の嵐が吹き荒れ、キング牧師やロバート・ケネディが暗殺された年、共和党のニクソンが自らの政権メッセージとして掲げて選挙で勝利した際のキャッチフレーズである。

トランプ大統領の狙いは、人種問題で荒れていた当時と現在の状況を重ね合わせることで、共和党を支持する年配層の投票行動を引き出すことにある。

しかし、このような連邦政府（共和党）vs.州政府（民主党）という構図を作り出し、その対比を描く戦略は、今のところ効果的に機能していない。むしろ、トランプ大統領の強権性を強調する結果となっており、必ずしもよいメッセージになっているとは言い難《がた》い。（コロナは共和党知事が存在する州にも拡大している）

ただし今後、暴動などのさらなる激化によって、民主党左派による社会混乱が制御不能なレベルにまで拡大した場合、米国民のサイレントマジョリティが「法と秩序」のメッセージを支持する可能性は十分に残されている。

対リベラル（最高裁判事指名リストの提出）

トランプは2020年9月1日までに最高裁判事指名リストを公表することを約束している。

2016年の大統領選挙時には、トランプはヘリテージ財団が人選した保守派の最高裁判事リストに同意することを約束し、キリスト教福音派ら保守系団体からの求心力確保に成功している。

トランプはバイデンに対して、同様の最高裁判事リスト公開を迫っており、「バイデンは女性・有色人種を推薦する」と言及する一幕があった。

仮に直接討論会でバイデンがトランプに同リストの公開について挑発された結果、バイデンがリベラルに寄り過ぎる候補者リストを発表した場合、共和党保守派からトランプ大統領への強烈な支持熱が一気に過熱することが予測される。

また、バイデンに対しては「米国民からすべての銃を没収する」と主張していたベト・オルーク下院議員の選対本部長を自らの選対本部長に採用し、オカシオ・コルテスを環境政策策定グループの共同議長に任命し、過激な環境政策を推し進めようとしている点も強調されていくだろう。

バイデンはもともと政治的な中道派と見なされていたが、共和党側はバイデンを過激なリベラルと見なすネガティブキャンペーンを大量投入する方針となっている。

バイデンの左傾化が鮮明になることで、共和党支持者は戦意を新たに固めるとともに、無党派層は極端なイデオロギーに拒否感を示す可能性がある。このメッセージ戦略は今回の選挙戦において、最も手堅いものと言えるだろう。

対中ナショナリズムの高揚

トランプ陣営は、「バイデンが中国に対してどれほど甘いのか」を有権者に伝えるため、巨額の広告費用を投下して宣伝しており、40年間のバイデンの対中宥和《ゆうわ》発言を並べ、米国から中国への雇用移転を招いたことを批判している。

世論調査機関 Pew Research Center によると、中国に対する嫌悪感は共和党・民主党に関わらず、極めて高水準に達している。

トランプ大統領は就任以来、オバマ政権下の軍事費抑制で疲弊した米軍を再建し、中東からの撤退を推し進め、米軍の対中シフトを急速に進めている。

直近でも2020年7月、南シナ海での米国、中国それぞれによる同時期の軍事演習に複数の空母機動部隊を派遣し、アジア太平洋地域での米軍のプレゼンスを示すとともに、テキサス州ヒューストンの中国領事館をスパイ容疑で閉鎖した。

中国は米国に対して等価報復の原則を貫いており、トランプが何か制裁を科すと必ず同程度の反応をする傾向がある。そのため、実のところトランプ政権にとっては、中国との間で対立状況をエスカレートさせたり、事態を鎮静化させるのは「コントローラブル」だと言えるだろう。

トランプは中国との表面的な対立を激化させることで、ナショナリストとしての支持を獲得できる可能性がある。

対エスタブリッシュメント

トランプが置かれている最大の問題点は、現職大統領であるが故に、トランプ自身の最大の強みである「アウトサイダー・挑戦者」というキャラクターイメージが崩れていることにある。

トランプ自身が腐敗したワシントン政治の住人であるかのようにメディア上で設定されており、有権者の投票基準がトランプ自身への好悪になってしまっている。

筆者の見立てでは、これが選挙キャンペーン上の最大の間違いであると思う。そのため、自らの政権実績をPRする方針を見直し、自らを「エスタブリッシュメント（既得権益者たち）に対する挑戦者」と描き直すことが、効果的なバイデン対策になる。

トランプ陣営はこの、アウトサイダーとしてのカラーを再強調する戦略を全く採用していないが、ブッシュ政権の高官ら（43Alumniと呼ばれるエスタブリッシュメントのお友達グループ）がバイデンを支持したことは、トランプ大統領にとって、逆転の好機と見なせるだろう。自らを「ワシントン政治と対峙する国民側の英雄」と位置付け直すことが肝要だ。

トランプ政権は以上のキャンペーン・メッセージを同時に走らせており、「どのメッセージを最も伝えるべきか」が、絞り切れていない状態にある。

したがって、これらのメッセージを効果的につなぎ合わせる統合キャンペーンが見い出された時、トランプ大統領はバイデンに対する劣勢を覆すきっかけを掴むことができるだろうし、それが機能的に行われなかった場合は敗北が確定することになる。

トランプ陣営の新選対本部長が提唱する「背水の陣」による逆転劇

前章および本章で検証してきたとおり、トランプ陣営の苦戦は明白、そしてバイデン陣営は、トランプ陣営と正面から向き合うことを避け続けている。

このような選挙戦の状態が継続する限り、トランプ勝利の可能性はほとんどなくなったと考えてよいかもしれない。

しかし、実はトランプ陣営にとって、唯一とも言える「勝ち筋」が存在する。

それは7月15日に新選対本部長に就任した、ビル・ステピエン氏が示した逆転のシナリオにある。同氏は就任直後から精力的に選対内外への情報発信を展開しており、トランプ陣営の戦略立て直しに努めている。

ビル・ステピエン氏は、２００８年の大統領選挙でジョン・マケイン選対のナショナル・ディレクターを務め、その後はニュージャージー州知事選挙で、クリス・クリスティ氏を二度の勝利に導いた辣腕の選挙コンサルタントである。

データの読み込み、およびメッセージ構築能力については定評があるとともに、政治的な寝技を行使する力にも長けていると言われている。

ニュージャージー州はリベラルな土地柄であり、そこで二度の共和党勝利を演出した手腕は確かなもので、2019年のトランプ弾劾時には民主党下院議員1名（ニュージャージー州選出）を共和党に鞍替えさせるお膳立てをしたとされる。

普段は極力目立たない動きをする人物とされており、トランプ大統領をメディアの前で擁護することが多いトランプ選対の中では異色の戦略家である。娘婿のクシュナー氏と緊密に連携している点などからも、同氏が舞台裏で「黒衣《くろこ》」として動くタイプの人間であることがわかる。

トランプ選対の戦略ポイント①　非ラストベルトでの圧勝

ステピエン氏が打ち出している新戦略のメッセージは主に二つに分類される。

ポイントの1点目は、共和党・民主党が双方ともに重視しているラストベルトの戦いにおいて、選択と集中を行い、非ラストベルトで圧勝することだ。

民主党のバイデン選対は前回のヒラリー選対の失敗を踏まえ、ラストベルトにおける選挙活動の充実に余念がない状況となっている。

バイデンの経済政策第1弾の発表が、ペンシルベニア州で実施されたことからもわかるように、トランプ陣営のラストベルトでの支持拡大に対する民主党側の警戒感は非常に高いと言える。したがって、トランプ選対が同地域に宣伝広告を集中投下しても、前回のように油断しきったヒラリー選対に対する地滑り的な勝利の再現は、全く期待できない。

そのため、ステピエン氏は「ラストベルトでの勝利は、オハイオ州とその他1州の勝利でよい」と明確に言い切っている。

具体的には極めて劣勢な状態であるミシガン州を捨て、逆転の可能性が残されているウィスコンシン州とペンシルベニア州に資源を集中することが推測される。

その上で、トランプ選対はラストベルト以外の接戦州で、すべて勝利する方向にシフトし始めている。つまり今後は、メイン、ニューハンプシャー、ノースカロライナ、ジョージア、アリゾナ、ネバダ、そしてミネソタなどを狙った戦略が展開されていくことになるだろう。

実際、ラストベルトでトランプ劣勢であったとしても、これら他地域の接戦州をガッチリ押さえることによって、大統領選挙の選挙人獲得競争ではギリギリ過半数の270人超えを実現できる。

トランプ選対の戦略ポイント② 有権者登録数の変化

ポイントの2点目は、前述の戦略を裏付けるデータについての話だ。ステピエン氏曰く、「有権者登録数の推移に注目することが重要だ」という。

米国の場合、投票する意思がある人は有権者として予《あらかじ》め登録する必要がある。この有権者登録は州ごとに登録内容が異なるが、登録時に自らの支持政党を表明する必要がある州も存在する。

その際、共和党支持者の登録者数の伸びが、民主党支持者の登録者数の伸びを上回っている州がいくつか存在しており、「その州こそが逆転の鍵になる」というのがステピエン氏の主張だ。

実際、筆者も各接戦州のデータベースから2016年の共和党・民主党の有権者登録数と2020年の7月までの有権者登録数（一部は2020年の最も近い直近月のデータ）を比較してみたが、ノースカロライナ、ネバダ、ペンシルバニア、フロリダでは、共和党は民主党よりも伸び率が高い。ニューハンプシャーやアリゾナもほぼ互角の伸び率となっている。

つまり、世論調査上、同州でトランプ大統領はバイデンに対して不利な数字が出ているが、実際に投票意向を持っている人々の増加数と世論調査の結果の間で、数字上の齟齬《そご》が生じていることになる。

そのため、共和党の有権者登録数の伸び率が高い州で、共和党支持者を投票所まで動員し、民主党支持者または無党派層が、何らかの理由で投票所に足を運ぶのを抑止できれば、トランプ大統領は再び2020年大統領選挙で勝利することが十分に可能だと言える。

トランプ陣営の新選対本部長就任後、初の8月3日に公表された広告キャンペーンはノースカロライナ、ジョージア、フロリダ、アリゾナの各州で流すというものであったことも新戦略の方針に符合する。

ステピエン氏が主張するとおり、選挙の主戦場をラストベルトから変更し、それ以外の地域で全勝して選挙人の過半数を確保するというやり方には一定の合理性がある。ただし、今回の選挙戦を通じて誰もがラストベルトに注目し、両陣営が同地域に選挙資源を振り向けてきた過去をあっさりと切り替える選挙戦略は、リスキーかつアートとも言えるやり方である。

とはいえ、トランプにとっては勝利か敗北か、それだけが重要であって、惜しい負け方などは何の意味もないのだから、この「背水の陣」とも言える戦略転換は、いかにもトランプらしいものとも言えるかもしれない。

仮にトランプ大統領が勝利するとしたら、結果はこのステピエン氏が思い描く盤面のとおりになっているはずであり、赤壁の戦いで曹操軍に諸葛孔明が勝利する奇跡に匹敵するものとなるだろう。

同氏がトランプ大統領の諸葛孔明になれるのか、選挙ウォッチャーとしては目が離せない展開となっている。

2020年
連邦上院・下院議員選挙

トランプかバイデンか、2020年米国大統領選挙を巡る分析への興味が尽きないが、忘れてならないのは、大統領選挙と同時に行われる、上下両院の連邦議会議員選挙である。

米国は三権分立の国家であり、連邦議会には非常に強力な権限がある。そのため、米国大統領はキャピトルヒル（連邦議会）に陣取る連邦議員の意向を無視できない。

現在の連邦議会議員構成は、2018年中間選挙結果を受け、上院は共和党多数、下院は民主党多数となっている。

上院の構成は、定数100に対して共和党53対民主党系47となっており、共和党は自党から3名までの造反が出て50対50の議決になっても、最終的には副大統領による裁定投票で人事案をゴリ押しできる状況が続いてきた。そのため、トランプ政権はこの状況を生かして最高裁判事など、重要ポストに保守派を充てる人事を断行してきている。

逆に下院構成は民主党側が定数435議席中233議席を占有している。そのため、トランプ大統領と上院共和党は、下院民主党に予算面で妥協を強いられており、連邦政府の予算や税制を大幅に見直すことが極めて困難な状況に置かれている。

したがって、トランプ大統領が望むさらなる減税案も、民主党が望む国民皆保険も、現状の上下両院の状況では進展する見通しが立っていない。

2020年大統領選挙と同時に実施される連邦議会議員選挙では、上院の1／3、下院の全議席がシャッフルされることになる。

2020年の上院議員選挙は「共和党が大勝した年の改選年」となっている。したがって、残存している民主党議席（補選で勝利したアラバマ州は除く）は極めて強固で、共和党は現在の53議席から議席数を減らすことはあっても増加させる可能性はない。

現在、共和党敗色が濃厚となっている州は、アリゾナ、コロラド、メイン、ノースカロライナの4州である。

この4州はもともと民主党が一定の勢力を有する地域でもあり、ActBlueからの莫大な小口献金が注ぎ込まれている民主党候補者は、豊富な資金力を背景に、共和党候補者を圧倒しつつある。

また、従来まで共和党の鉄板として考えられてきた、アイオワ、ジョージア（2議席）、モンタナなども、共和党議員のスキャンダルや民主党州知事の上院選転出などによって、ほぼ互角の情勢になっている。

上院トップであるミッチー・マッコーネル院内総務の地元、ケンタッキー州では巨額の資金調達力を誇る民主党の挑戦者が選ばれたことで、共和党にとっては上院トップの落選・過半数割れという最悪の事態もあり得る状況が生まれている。

下院は既に過半数を有している民主党が盤石な体制を築いている。共和党全国委員会は、2019年2月に民主党から奪い返す55の重点選挙区リストを公表した。

そのうち31選挙区は2016年にトランプ大統領が勝利した選挙区であり、20選挙区は2016年にヒラリーが勝利したものの、過去に共和党議員が存在した選挙区である。

しかし、共和党は自らリストアップした重点選挙区において、民主党に対して全く歯が立たない状況となっている。各選挙区の共和党候補者は、民主党候補者に資金調達面で劣後しており、過半数を奪取できる見込みはほぼなくなっている。

さらに、共和党現職が保有していた議席のうち、引退・空席となる議席が32議席もあり、そのうち5議席は既に敗色濃厚という有様だ。

つまり、共和党は下院の過半数を取り戻すどころか、さらなる議席減を回避することに集中せざるを得なくなっている。

確かに、大統領の顔が変わることは、政策の全体的な方向性を規定する重要な要素だ。特に外交安全保障などの基本的な方向性やアプローチは、大統領の意向によって大きく舵を切ることになるだろう。

しかし実は、2020年大統領選挙の結果がいずれであったとしても、連邦議会の上下両院のいずれかと対立した場合、大統領が苦渋の日々を過ごすことになるのは間違いない。

トランプでもバイデンでも、2020年連邦議会議員選挙に勝たなければ、政権運営のフリーハンドを得ることは難しい。

そして、2020年11月大統領選挙に終わると同時に、米国は2022年中間選挙に向けた戦いが始まる。新大統領が何をするのかは、２０２２年中間選挙に向けた各政党の動きを分析することで見えてくるだろう。

第4章

トランプ／バイデンの対中戦略とGAFA対応

トランプ政権による対中政策転換の深層

大統領選挙以後、米国政局のパターンを占う前に、日本人にとって重要となる、対中政策の動向について、改めて整理しておきたい。

トランプ政権は対中国政策で、どのように動いてきたのか。バイデンはどのような方針を取り得るのかの検討を通じ、２０２０年以後の政権パターンを考える上での参考とする。

トランプの対中政策

対中政策に関して言えば、トランプ政権は現実的な対処と世論対策を並行して実施してきた。中国の経済面・安全保障面での脅威を取り除くため、早い段階から「知的財産権保護」「サプライチェーンの見直し」という二つの観点から対策に取り組んでおり、対中政策を民意の観点から担保するため、保守派団体や宗教団体の反中感情を効果的に盛り上げる取り組みを行ってきた。

経済対策

まずはトランプ政権の経済政策の観点から対中政策の変化を見ていこう。

米国の貿易黒字の大半は、サービス業によってもたらされている。特に近年では旅行業や金融業だけでなく、知的財産権の使用料による収益が増加しつつある。

もちろん巨額の「モノの輸入」による貿易赤字と比べれば、知的財産権の使用料による貿易黒字は相対的に小さい。

ただし、高度な技術によって支えられた産業は、米国に高い賃金と安定的な雇用を中長期的に創出・拡大するため、米国にとっては「金の卵」として保護する必要がある貴重な財産だ。

知的財産権保護が通商政策上、重要な位置付けを持つ現代社会において、中国は世界最大の知的財産権侵害国家であり、知的財産権の使用料で利益を得ている米国が中国の理不尽な制度の是正を求めることは理にかなっている。

トランプ政権による中国の知財窃盗行為に対する是正要求は、目に見える「モノ」による単純な貿易ではなく、高度な技術・知識をやり取りする、現代の通商関係の基礎を整備するためと言えるだろう。

この動きは実は多角的な面もあり、トランプ政権はカナダ・メキシコとの貿易協定であるNAFTAからUSMCA*の改定に成功し、同条約の改定内容にも北米国家が連携する形で、事実上、対中政策としての「知財条項」をしっかりと盛り込んでいる。

一見して北米の貿易関係を見直すことを目的としているように見える同協定の見直しが、実は対中政策になっている点は興味深い。

民意の裏付けに基づく米国の知財保護戦略

米国は産業輸出戦略の一環として、ブッシュ政権時代の2008年、「Prioritizing Resources and Organization for Intellectual Property Act」（PRO－IP法）という超党派の法律で「知的財産権」を位置付けている。

同輸出戦略はIPEC（Intellectual Property Enforcement Coordinator）という米国全体

＊USMCA（米国・メキシコ・カナダ協定） 2018年10月1日それまでの「NAFTA（北米自由貿易協定）」から米国・カナダ・メキシコ3か国間の貿易協定が改定・維持された。USMCAの合意の意義として、①労働者保護、デジタル経済、特許、金融サービスなどの分野で高水準の合意 ②メキシコとカナダが労働・環境・知的財産の保護に関する新たな合意 ③米国の農家や酪農家に対するメキシコとカナダの市場アクセスを改善したことが挙げられている。

の知財保護・輸出拡大の担当者（米国知的財産権執行調整官）によって監督されている。

ＩＰＥＣは米国において「知財皇帝」と呼ばれるほど、知的財産権に関する分野での力が強く、米国の省庁をまたがる知財戦略をまとめ上げる権限を持つ。

これらの知財輸出政策はオバマ政権やトランプ政権でも最重要政策の一つとして引き継がれることになった。

トランプ政権が政権発足早々に任命した政権高官人事の一つも、この「知財皇帝」の人事であったことは注目に値する。バイシャル・アミンという下院スタッフとして活躍した特許改革のエキスパートが同職に指名された時、国際知的財産法協会、国際反偽装連合、録音産業協会などが歓迎声明を発したことは印象的な出来事であった。

こうした知財保護の動きについて、２０１８年1月31日、保守系団体の有力指導者16名が、トランプ政権の対中知財政策を支持する大統領宛ての書簡を公開することで民意の裏付けも強化されている。

同書簡の冒頭には Conservatives for Property Rights という強力な知財活動に関するロビーイング団体のＣＥＯが署名しており、その書簡への賛同団体のメンバーとして保守派の錚々《そうそう》たる運動団体のトップが名を連ねている。

バイシャル・アミン

これは中国との知財窃盗を巡る本格的な交渉をスタートする直前の出来事であり、既に米国の保守派の民意によって、不可逆的に知財交渉を推進する流れができていたことを意味している。

対中国サプライチェーンの見直し

さらに、米国の安全保障政策上、製造業と防衛産業のサプライチェーンの見直し、つまり、中国への製品・人材依存からの脱却も、対中政策の文脈で重要な優先課題の一つになっている。

トランプ大統領は2017年7月、大統領令13806号を発出し、国防関連産業基盤およびサプライチェーンの強靭性を評価し、その強化策について提出するよう指示した。

これに基づき2018年9月、"Assessing and Strengthening the Manufacturing and Defense Industrial Base and Supply Chain Resiliency of the United States", Interagency Task Force, Department of Defense, September 2018（アメリカの製造・防衛産業基盤とサプライチェーン・レジリエンスの評価と強化）という報告書が提出されている。

同報告書の中で、連邦予算の軍事費のブレ、製造業能力の低下、中国への資源・人材依存などの問題が指摘されており、中国への製造業流出が、米軍の継戦能力に深刻な問題を引き起こしていることが明示されていた。

具体的には、アメリカ軍のテントに使われるhigh-tenacity polyester fiberを国内で唯一生産する企業が倒産し、その供給が困難になった事例など、生々しい話が盛り込まれた興味深い事例が紹介されている。

同報告書に示された問題意識にしたがって、トランプ政権は、中国のハイテク技術に対する制裁、中国人技術者の締め出し、中国製品に対する関税付与などを積極的に実施している。これらの政策は米軍の継戦能力を高めると同時に、国内への産業回帰による労働者層票獲得の意味合いが含まれている。

もちろん「中国からの輸入品に制限をかけても、第三国に立地された工場からの輸入が増えるだけ」という指摘も一理ある。しかし、トランプ政権が実施した対中制裁は、着実に海外からの重要産業に関する国内投資も生み出している。

例えば、米国は中国のファーウェイに対する半導体の供給元として大きな役割を占めてきた台湾のTSMCに対し、政権発足後の早い段階から、米国での工場立地を促す圧力をかけてきた。

そのアプローチの甲斐もあり、TSMCは、2020年5月にアリゾナ州への工場新規設置を公表している。その他、日系企業なども含めた、多くの企業が米国での新規工場設置を宣言させられてきたことは、紛れもない事実だ。

ただし、既に密接な経済依存関係にある中国との間で波風を立てることは、世界最強国の米国であっても、実際には政治的に極めて難しい作業である。

中国との間で外交上の対立が発生することで多くの企業が制裁合戦により、負の影響を受けることが避けられないからだ。

それが中長期的な観点から、米国の国力を回復させるために望ましく、米国の覇権を維持するために合理的な政策であったとしても、米国の有権者が、その政策による経済的な痛みに耐えられるかは、全く別の問題として存在する。

そのため、トランプ政権は対中政策を強硬路線に転換するにあたり、共和党の二つの政治的な支持団体から政策に賛同する民意を得る必要があった。

それは農業関連団体と宗教団体である。

対中強攻策を支える民意の存在：農家

トランプ政権が米中交渉で農産品の輸出拡大に固執してきたことは広く知られている。米国の輸出主力産品の一つは大豆で、輸出先として中国は極めて巨大なマーケットであった。そして、農家は共和党にとって欠かせない重要な支持基盤の一つである。

これは、農家の納得がなければ、トランプ政権は対中強硬政策を推進できないことを意味する。

まして、2020年の連邦議会上院議員選挙は農業州が多数含まれているため、トランプ政権に対する農家からの風当たりは必然的に厳しいものになる。

中国側も米国側の事情は先刻承知のことであり、彼らがトランプ政権との交渉を優位に進めるため、大豆の輸入停止や農業州の新聞に対するプロパガンダ広告の実施といった対抗手段を次々に実行してきた。

しかし、農家からのトランプ政権に対する支持は揺るがなかった。

そもそも農家は、オバマ政権による農薬や肥料に対する環境規制強化で苦しめられていたこともあり、米国農家からのトランプ政権に対する支持は、政権発足当初から極めて厚い状況にあった。

その後、対中交渉の影響もあり、農家の倒産件数は一時的に増加したものの、農家からトランプ大統領への支持率は一貫して高いままだ。

具体的に言うと、トランプ大統領の支持率は、農家を対象にした世論調査であるFarm Journal Pulse poll で、ほぼ一貫して70％以上の高水準を保ち続けている。

（2019年に貿易戦争が最も激化した2019年8月世論調査でも71％の支持率を保っている）

そして、2020年1月の米中貿易第一次合意後には、同世論調査でトランプ政権発足以来、最高の支持率83％を記録するに至った。

トランプ政権に対する農家からの高い支持率が維持された理由は、トランプ政権が対中政策を展開するに際して、農家に対する補助金を充実させるとともに、農家自身、過去、中国の農産品購入交渉プロセスが、極めて恣意的で不公正であると認識していたことが大きい。

このように、主要支持基盤である農家からの高い支持率がなければ、トランプ大統領は、中国との貿易交渉を継続することが困難であったと言えるだろう。

対中強攻策を支える民意の存在：宗教団体

さらに、共和党が特定の外国と敵対関係に入るために説得すべき支持団体として、宗教団体（特にキリスト教福音派）が挙げられる。

実際、共和党で選挙の主力となって活動する人々の多くは宗教関係者である。彼らの運動力なくして共和党が選挙戦を戦うことは、ほぼ不可能だろう。

したがって、伝統的な敵対国であるロシアや中東諸国ではなく、中国との政治的対決を新たに始めるためには、キリスト教福音派の人々の耳目を引く「中国国内での宗教弾圧」の存在が必要だった。

宗教関係者の対中認識を決定的に変えた転機は、2018年秋口に、中国共産党が北京でキリスト教会を弾圧し、中国当局によって聖書が焚書された事件である。

その模様はSNSを通じて瞬く間に周知されることになり、2018年9月末に下院公聴会で、中国におけるキリスト教弾圧監視団体である「China Aid」のボブ・フー氏による「キリスト教と、その他の宗教的信仰に対する中国の戦争」という議会証言がなされた。

ボブ・フー

その証言内容は「聖書に中国共産党の核心的な価値観を組み込んで、改竄しようとしている」という驚くべき内容で、米国のキリスト教福音派の対中憎悪は一気に燃え上がることになった。

その翌年、米国ワシントンD.C.にて、2019年2月6日に福音派の主力グラスルーツである「Family Research Council」によって、中国における宗教弾圧に関するシンポジウムが開催された。

シンポジウムの内容は、キリスト教への迫害や、ウイグル自治区での再教育施設などを扱うもので、前述のボブ・フーらが登壇するパネルディスカッションが行われた。中国における宗教弾圧は、過去においても一応は福音派に認知されてはいたものの、それが宗教団体のシンポジウムの主題となることは、当時としては珍しかった。

さらに、同シンポジウムでは、後に大きな変化をもたらす特筆すべき問題提起が行われている。それは、「中国における信教の自由の確保」を新たに「中国との貿易交渉の一環として求める」というものだ。

このシンポジウムは、トランプ政権が中国の宗教弾圧を理由として、中国企業に対する制裁を行うきっかけとなる分岐点であったと言えるだろう。

また、トランプ政権は、2018年から世界中の信仰の自由を守る活動を実践する人々を集めたシンポジウムを開催している。同イベントは「Ministerial to Advance Religious Freedom（MARF）」と名付けられており、130か国以上から1000人を超える参加者が集う、世界最大規模のフォーラムである。

2019年、同会議に付随するセッションにおいて、「The Coalition to Advance Religious Freedom in China」という、中国での宗教弾圧を問題とするグループが、「COALITION TO ADVANCE RELIGIOUS FREEDOM IN CHINA」というウイグル自治区と取引がある企業のCEO宛に、当該取引の見直しを迫る書簡を公表した。具体的には、中国共産党による住民に対する監視活動や、人権抑圧に使用されている技術を持つ企業の商業活動に加担しないよう働きかける内容が盛り込まれていた。

現在、米国政府は中国企業に対して広範な制裁を実施しているが、その大義名分の一つに「宗教弾圧への関与」が盛り込まれている背景には、このような事情がある。

中国共産党による宗教弾圧に対する関心の高まりは、トランプ政権が本格的な対中政策を開始する前提であるとともに、一度高まりを見せた宗教団体の中国に対する関心は容易に失われることはないだろう。

以上のように、米国の対外政策は、外交・安全保障上の戦略だけでなく、それを支える人事や世論喚起を必ず伴う形になっている。

特に中国のような経済大国を相手にする場合、そのハードルは生半可なものではなく、一つ一つ手順を踏んだ取り組みと強固な民意による裏付けが重要になる。

逆に言えば、外交・安全保障政策上は、合理的に見える政策転換であっても、それを支える民意が失われた場合、その政策は簡単に覆る可能性があると言うこともできるだろう。

米国の対中政策とトランプの再選に向けた支持の基盤固めは、相互補完的な関係にあるが、仮にこれがバイデン大統領になった場合、「対中政策を維持する政治的な動機となる要素が何になるのか」という問いは、非常に重要なポイントになる。

米中関係は軍事・経済・宗教・イデオロギーが複雑に絡み合う超限戦の様相を呈しており、その鍵となる政治的要素を特定することは必須作業と言えるだろう。

バイデンは中国に対して強硬姿勢が取れるのか

日本の米国政治評論では「トランプはバイデンより中国に対して強面《こわもて》の対応を取る」とする向きが多い。

また、万が一、バイデンがトランプに勝利した場合、親中的な外交安全保障方針に転換する可能性を恐れる声も少なくない。

だが、それは果たして事実に基づく予測であろうか。

確かに、対中政策に関するトランプ政権の積極的な姿勢に対して、「バイデン政権では再び親中化するのではないか」という恐れを抱くのも自然なことだろう。

ただし、米国の政治プレーヤーの対中姿勢は、超党派レベルで大きく転換しつつあり、バイデンが中国に対して弱腰に転換するとは必ずしも言い難《がた》い状況だ。

米国大統領選挙が激化する中、トランプとバイデンは対中政策でも激しい鍔迫《つばぜ》り合いを展開している。特にTVによる宣伝広告は、選挙戦略上、重要なメッセージとしての地位を占めており、自陣営のポジティブな要素を伝える宣伝だけでなく、相手陣営の否定的な要素を強調するネガティブキャンペーンは、極めて有効なツールとして活用されている。

筆者がかつて受講した共和党保守派の選挙学校である The Leadership Institute の選対本部長育成コースでも、ネガティブキャンペーンについては、他の授業の2倍の時間が割り当てられていたことを思い出す。

日本で同様の広告はほとんど見かけることはないが、米国においてネガティブキャンペーンは、相手陣営を攻撃する手段として積極的に採用されている。

トランプ陣営の選挙キャンペーン団体である America First Action Super PAC はバイデンの過去40年間の親中的な発言を取り上げた“Forty Years.”というCMを開始、バイデンの親中姿勢を徹底的に批判している。その動画の中でバイデンが「中国の台頭は望ましい発展だ」と明言した過去の映像がバッチリと引用されている。

ところが、その親中姿勢で批判されているバイデン陣営も、トランプの中国擁護発言を槍玉に挙げた広告を投入している。動画内ではトランプが中国からの新型コロナウイルス流入初期の段階において、習近平の対応を称賛するコメントを行ったことや、中国への救援物資を送った事実が何度も引用されている。

さらに、「中国に対して米国の調査団派遣などの強硬な対応を主張してきたのはバイデンだ」という自己宣伝も忘れてはいない。

要は、トランプもバイデンも「中国に対しては自分のほうが強硬だ」とアピールしているのだ。このような背景には中国に対する米国民の感情が著しく悪化していることが挙げられる。

つまり、共和党・民主党とも「中国に強面の対応をする」以外に政治的な選択肢はほとんどなくなっているのだ。その空気感を象徴するのが両陣営の相手陣営に対する「あいつは親中派だ!」というネガティブキャンペーン動画に顕著に表れている。

両陣営が競う形で盛り上げた反中感情は、大統領選挙が終わっても変わることなく残るだろう。

外交・安全保障担当者から知るバイデンの対中政策

では、バイデン陣営は中国に対して、実際に強い姿勢を取ることができるだろうか。その問いに対する回答は現在までのところ、「ＹＥＳでもありＮＯでもある」というのが正確な回答だろう。

バイデンの対中姿勢の強固さを検討する上で、バイデンの外交・安全保障面でのキーパーソンと目される人物等について紹介しておこう。

バイデンの取り巻きは、オバマ政権時代の外交・安全保障担当者の人々と見なしてよいだろう。トランプ大統領と違って、政治的アウトサイダーではないバイデンの人脈・行動は、極めてオーソドックスなものになる可能性が高い。つまり、「前例踏襲」である。

オバマ・バイデン時代の外交・安全保障関係者の対中姿勢は、つい最近まで非常に甘いものであった。

例えば、彼らの対中認識は、２０１９年7月3日、ワシントンポスト上で大統領と連邦議会宛てに掲載された公開書簡「中国は敵ではない」の中で、ジェームズ・スタインバーグ元国務副長官やカート・キャンベル元国務次官補など、200名以上の元政府関係者や学識者が「中国は脅威ではない」と主張している程度の状況であった。

これは中国の近年の対外政策・国内政策における行動に鑑み、実に驚くべき内容の書簡であったが、中国との軋轢《あつれき》を嫌う国務省関係者の認識など、実際にはこの程度のものだったと言える。

筆者の個人的感想としては、トランプ政権が国務省の予算を削りたくなるのも頷けるものであった。


2020年4月3日、やはり同じようにオバマ政権高官等によって公表された「米国、中国、そして世界中の命を守る」と題された文書では、新型コロナウイルスとの闘いでの米中協力を求める声明が発表された。

ただし、前年に公開された腰抜け書簡と違って、こちらは新型コロナウイルスによる脅威やトランプ政権によるバイデンの弱腰批判に配慮し、中国への強硬姿勢は若干強化された文言が盛り込まれていた。

同文書にはチャック・ヘーゲル元国防長官、スーザン・ライス元国家安全保障担当補佐官、アントニー・ブリンケン元国務副長官、ミッシェル・フロノイ元国防次官、ジェイク・サリバン バイデン外交安全保障アドバイザーなどが名前を連ねている。

筆者の見立てでは、後者の文書に名前を連ねるメンバーは、対中タカ派路線が求められる現状において、バイデン政権が誕生した場合、重要なポジションを占めていくものと予測している。

特に注目すべき人材は、オバマ政権時代の外交・安全保障関係者で、現在ウェストエグゼ・アドバイザーズという地政学コンサルティングファームを設立し、民間企業らに情報提供するビジネスを行っている2名の人物、ミッシェル・フロノイ元国防次官とアントニー・ブリンケン元国務副長官である。

バイデン政権の安全保障の要である国防長官には、ミシェル・フロノイ元国防次官が有力と見られている。仮に彼女が国防長官に選出された場合、女性初の国防長官ということになる。

ミッシェル・フロノイはアジア回帰論者であり、リバランス戦略を推進してきた主

ミッシェル・フロノイ

要人物だ。中国への対抗力を高めていくため、TPPなどの地域内の枠組みを推進する意向を示しており、フロノイは日本にとって比較的与《くみ》しやすい人物と言えるだろう。2014年には国防長官候補として名前が取りざたされたことがあるが、その際は「家庭の事情」として固辞している。

フロノイは2020年6月、「Foreign Affairs」に宛てた論稿の中で、中国に対する警戒感をはっきりと示すとともに、限られた予算下で軍事的な新技術に投資することの重要性、賢い移民制度も含めたSTEM*人材教育の充実、同盟国との協力、中国に対する東アジア・南シナ海での抑止などについて説いている。

アントニー・ブリンケン元国務副長官は、バイデンの外交上級顧問を務めており、国務長官の椅子に最も近い人物の一人である。ブリンケンの基本的な政策の方向性は、オバマ政権の焼き直しであるように予測される。

ブリンケンはイラン核合意の中心人物の一人であり、トランプ政権の核合意からの離脱を鋭く批判している。「トランプ政権の合意離脱は、核合意に協力したパートナー達から米国を孤立させる行為であり、実際にはイランも合意を継続した場合と比べて

*STEM　2000年代に米国で始まった教育モデルで「Science, Technology, Engineering and Mathematics」（科学・技術・工学・数学）の分野を総称する用語。

アントニー・ブリンケン

核開発能力を高めている」と述べている。

メディアによる取材などでは人権問題に関しても明確な主張を有しており、サウジアラビアなどの政治体制が異なる人権問題を抱える国だけでなく、インドのような民主主義国における人権問題（カシミール問題）などについても協議していく姿勢を示している。

また、トランプ政権のアフガニスタンからの撤退のプロセスを好意的に評価しており、軍事力による対外関与の縮小に関しては積極的であるように見える。

ブリンケンは国務省畑の人間らしく、中国に対する姿勢も教条主義的なタカ派というより、国際社会におけるアクターとして、大国の務めを果たすことを求める方針を示している。

各種インタビューの内容などを見ても香港については厳しい姿勢を示すものの、中国との全面対決の姿勢を示しているわけではなく、あくまでも交渉相手として位置付けていることがわかる。

そして、米国が国際機関に積極的に関与することで影響力を取り戻し、民主主義国をまとめ上げた際の経済力の総和により、バーゲニングパワーを発揮して中国に協力させることにも前向きだ。

「Foreign Affairs Report」2020年3月号のJoseph R. Biden, Jr.' Why America Must Lead Again Rescuing U.S. Foreign Policy After Trump'（アメリカのリーダーシップと世界──トランプ後のアメリカ外交）というバイデン自身の名前で発表された外交論文とブリンケンの発言内容がほぼ一致することから、同論文の実質的なアドバイザーがブリンケンであり、彼の主張はそのままバイデンの主張であると考えてよいものと思う。

フロノイもブリンケンも、中国と協力できる領域として「核不拡散」や「気候変動」を挙げており、戦略的対話の重要性にもふれている。

現状において、両者ともに米中の対話については厳しい見通しを持っているが、民主党らしい項目での対話を望む姿勢は、いかにもと言ったところだ。

筆者の感覚では、これらのバイデン外交・安全保障のスタッフが描いている世界は、米国国内の経済力や安定性、米国の国際的なリーダーシップの強さを過大評価しているように思う。

対中抑止を支える民意の支持団体が弱い民主党

民主党は共和党側と比べて、中国と対立するために必要な民意の熱量を確保する支持団体に欠けている。

人権団体やジャーナリストなどは対中批判を繰り返すだろうが、その他の民主党支持団体で対中強硬姿勢を取る必然性を持つ組織はあまり見当たらない。

労働組合は貿易面での経済的な利害を有するものの、民主党は外交安全保障面から対中抑止の姿勢を支える民意の基盤が貧弱である。

仮に、中国側が環境問題や貿易問題などでバイデン政権に妥協した場合、民主党の支持基盤である環境団体や労働組合を懐柔しての時間稼ぎはたやすいだろう。

大統領選挙後、バイデンが勝利した場合、同政権が対中抑止姿勢を維持するため、どのような民意の燃料を獲得するのか注目すべきポイントだと言える。

ポンペオ国務長官の対中演説とネオコンの影

2020年7月23日、マイク・ポンペオ国務長官は「Communist China and the Free World's Future speech」（共産主義者の中国と自由世界の未来に関する演説）という演説をした。この演説が行われた場所はニクソン大統領図書館・博物館で、過激な内容から「米中の全面対決突入か」と注目された。

実際、ニクソン大統領は米中和解の立役者であり、同大統領に関する資料が揃った施設で中国共産党に対する対抗演説を行うことは、米国の対中姿勢の歴史的な転換を意図したものと捉えてよいだろう。

特に共和党のニクソン大統領が米中和解を演出したこともあり、共和党政権であるトランプ政権としては、歴史的な対中国政策の総括が必須事項だったと言える。

演説内容は、中国が世界経済の恩恵を受けて発展したとしても、依然として中国共

マイク・ポンペオ

産党は人民を弾圧し、知的財産権等を侵害し、世界の安全保障上の脅威となっていることを強調するものであった。

また、自由世界の国々に対し、米国とともに団結して、中国共産党に対抗することを呼びかける内容が含まれており、トランプ政権の単独主義的なアプローチは鳴りを潜めるものになっていた。

このようなポンペオ国務長官の演説は、米国の中国に対する単独主義的なアプローチから、人権や民主主義を基軸とした、多国間アプローチへの切り替えを志向する動きとも一致している。

具体的には英国からのファーウェイ排除のような制裁協力を求める動きや、香港問題のように諸外国と歩調を合わせて中国の人権問題を糾弾する流れは、今後ますます拡大していくだろう。

また、「自由で開かれたインド太平洋地域」という外交構想を実務面から支える、ブルー・ドット・ネットワーク*がスタートしたことも注目に値する。

2019年11月、バンコクにて日米間で1兆円規模の液化天然ガスプロジェクトに

***ブルー・ドット・ネットワーク**
世界レベルで認可される米国、オーストラリア、日本主導による主要なインフラ開発プロジェクト。「持続可能で、途上国の搾取を意図するものではないプロジェクト」と定義される。
プロジェクトが同ネットワークに認定されると、地域社会と投資家には高い水準のインフラと持続可能性が保証される。品質促進と民間部門主導の投資という同ネットワークの高い基準の順守に合意すれば、あらゆる国や企業が参加可能になる。

ついて既に署名されており、同地域への投資プログラムも次々と計画されている。
これは、同地域で中国によって展開されている一帯一路構想に対抗する米国の取り組みであることは明らかだ。

ポンペオ演説にネオコンの影が窺《うかが》える理由

ただし、筆者はポンペオ演説や対外介入の本格化について、若干の違和感を覚えている。なぜなら、中国の「共産主義体制」や「マルクス・レーニン主義」に対抗するという文脈は、従来までの米国の対中政策の文脈では、あまりふれられてこなかった視点だからだ。

中国共産党の政治体制に言及して打倒を呼びかける政治勢力は、米国ではネオコン（↓089ページ）勢力しか存在しない。

ポンペオの対中演説はネオコンの主張そのものであり、トランプ政権が中東で排除してきたネオコンの影響力が、東アジア地域で高まりつつあることを示唆しているように感じる。

筆者はこのポンペオ国務長官の演説が内包するネオコン勢力のイデオロギー傾向は、極めて危険なものだと考えている。

もちろん、対中国という文脈において、日米が協力して共産主義イデオロギーに対抗することは妥当だ。しかし、米国のネオコン勢力は、同地域で暮らす人々の生活・経済よりも、イデオロギー普及・拡大を優先することに特徴がある。

したがって、東アジアにおいてネオコン勢力の影響力が過度に強まった場合、中国との間で小規模な紛争が発生し、米中の対立がエスカレーションを繰り返していく可能性も否定できない。

トランプ政権は大統領選挙において、極めて劣勢に立たされているため、対中国の文脈で糾合《きゅうごう》できる勢力なら何でも味方につけようとしていることは想像に難《かた》くない。

そんな中、対イラン強硬論の文脈において、もともとネオコンと親和性が高いポンペオ国務長官が、ネオコン勢力を味方に引き付けようとするのは自然なことだ。

同演説以外にも、ポンペオはネオコン勢力が喜びそうな発言を繰り返しており、事実上、同勢力に対するトランプ政権の政治的な窓口になっていると言えるだろう。

また、これらの動きは、ポンペオ国務長官自身の2024年大統領選挙に向けた政治的な布石と見ることもできる。

仮にトランプ政権が継続した場合、ポンペオ国務長官が2024年の大統領選挙の有力候補者として見なされることになれば、日本は東アジアにネオコン勢力が本格的に襲来することに対して、真剣に覚悟する必要性があるだろう。

それは軍事紛争発生の可能性を意味しており、従来までのノホホンとした日本の外交・安全保障の議論がもはや望めないことを意味する。

たとえトランプ政権が継続するとしても、戦争を望まないトランプ大統領の指導力が、ポンペオ国務長官よりも強い状態で残るか否かは注目に値するだろう。

一方のバイデン陣営は、ネオコン勢力との連携はまだ十分に視野に入っていないように見える。民主主義の価値観の重要性を標榜しているものの、それはあくまでも民主主義国の団結のためであり、中国共産党を解体するためのものではない。

バイデン陣営は中国をあくまでも交渉相手として位置付けており、その体制の解体までコミットしている段階にはないものと思う。バイデン陣営は、対中政策の文脈でネオコンと歩調を合わせるポンペオ国務長官とは一線を画した状況にある。

筆者は、バイデン政権が誕生した場合、対中強硬政策を主導できる人材が少ないため、ネオコン勢力がバイデン政権に入り込む可能性も想定していたが、そのような動きは今のところ表面化していないようだ。

対中政策を通じた、ネオコン勢力とのイデオロギー上の親和性の高まりは、トランプ政権において、従来までの非介入的な外交政策を転換する可能性があり、バイデン政権との外交的な方向性の違いを生み出す重要なポイントになるかもしれない。

その意味で、ポンペオ国務長官の演説は、背景まで類推した場合、日本にとって、単に頼もしいと言えるものではないと言えるだろう。

ＧＡＦＡと連邦議会の対立

現在、ＧＡＦＡ（Google Apple Facebook Amazon）のテック系巨大企業のＣＥＯが、米国連邦議会で証言の場に立たされている。

これは、下院司法委員会アンチトラスト小委員会の場であり、西海岸のテック系巨大企業が東海岸の連邦議員らを無碍《むげ》にしてきたツケだと言えるだろう。

２０１９年６月、下院司法委員会は、デジタル市場での競争に関する超党派の調査を開始した。下院司法委員会では、ＧＡＦＡが提供するサービスが独占禁止法違反か否かが問われている。

独占的な地位を利用した不当な価格設定だけでなく、新興企業を次々買収することで、競争の芽を事前に摘む行為も独禁法違反の対象となる。

近年では新興企業のエグジット（出口戦略）が、これら巨大企業への企業売却になることも多く、自由な成長を目指す経営環境が阻害されているのではないか、ということも問題視されている。

ただし、GAFAが叩かれている理由として、純粋に経済的な側面からというより、政治的・選挙的な側面の影響も非常に大きいと言える。

もともと共和党議員らはFacebookやTwitterなど、SNS企業プラットフォーム上の保守的言論への統制について深い憂慮を示してきたが、昨今では下院民主党の中にも、テック系巨大企業の存在自体に懐疑的な左派勢力の影響力が増大し続けている。

つまり、政治やビジネスに対して影響力を持ち過ぎたテック系巨大企業に対する懸念自体は、共和党・民主党ともに共通しているのだ。

このように、GAFAが政治的に叩かれやすい環境になってきたことは、今後の米国の未来を分析する上で注目に値する。

テック系巨大企業は、その浮世離れしたリベラルな姿勢と豊富な資金力によって、共和党・民主党内で勢力を強める、非エスタブリッシュメント勢力と鋭く対立する事態を引き起こしている。

Twitterがトランプ大統領の投稿に対して「センシティブな投稿である」として閲覧制限をかけたことが象徴するように、SNS企業による言論検閲機能は、SNSプラットフォームビジネスという枠を超えた政治性を帯びている。

Amazonの創業者であるベゾス傘下には、反トランプメディアであるワシントンポストが存在しており、連日のようにトランプ政権の批判記事が掲載されている。

リベラルな西海岸企業の社風に対して、共和党保守派は反感を募らせており、Googleから保守的な言動によって馘《クビ》になった元社員を盛り立て、テック企業のリベラル性に対するアンチ・スターとして政治的対立を煽ったことすらある。

一方、Facebookは、自社独自の仮想通貨「リブラ」の発行計画もあるため、共和党保守派との対立に関して、政治的妥協を図る方向に動いている。

Facebookは保守派の年次総会であるCPACへのスポンサードを停止していたが、2016年トランプ大統領誕生後から再開するようになった。

ただし、筆者が見る限り、CPAC会場に同社が出展していたブースは極めてリベラルな雰囲気が漂っており、保守派の価値観やセンスを理解しているとは全く言えないものだった。

保守派は自分たちの団体の主張を、お堅い雰囲気の中で説明して理解を求めるブースを出展していたが、Facebookのブースは西海岸のポップカルチャーをそのまま会場に持ち込んだ雰囲気で、その場に存在しているだけで保守派と相容れない異質なものであることは、誰の目から見ても明らかだった。

筆者は保守派とＧＡＦＡの間に共通の言語・文化を見出すことは難しく、その対立は表面的な理屈の問題にとどまらず、構成員の無意識のレベルにまで及ぶ、深いものだと理解している。

しかし、共和党保守派とテック巨大企業間の問題は、企業の政治姿勢を巡るものが中心であって、テック系巨大企業の存在自体を疑問視する話ではない。

テック系企業にとって真の問題は、民主党左派からの、企業経営の根幹を揺るがす攻撃であろう。

司法委員会小委員会に属する民主党のデービット・シシリーニ下院議員は、テック系企業の市場支配力自体を問題視しており、その市場支配力は、個々の企業イノベー

ＣＰＡＣ会場内でのFacebookのブース。周囲には保守系団体の説明ブースが、お堅い雰囲気の中で並んでいたが、同社コーナーだけは垢ぬけた作りの西海岸色全開のコーナーであった。（筆者撮影）

ションの結果ではなく、政策の問題によって生まれたものだと言及している。

一見すると、この主張は独占禁止法を正しく機能させることによって、中小の新興企業による自由な競争環境を守る言動に見えるが、その背景として、民主党自体の反資本主義的な左派色が強くなっていることには注意が必要だ。

大統領選挙予備選挙に立候補していたエリザベス・ウォーレン上院議員は、選挙キャンペーンの中でGAFA解体に言及して話題を呼んだ。

連邦政府がかつて独禁法違反で、マイクロソフトを訴えたことがGoogleの誕生などにつながったという文脈ではあったものの、その言をそのまま鵜呑みにするほど初《う》心《ぶ》な人はいないだろう。

左派の本質により近い提案をしているのは、バーニー・サンダース上院議員であり、彼が提案するAmazonに対する「ストップベゾス法」にその傾向が顕著に現れている。この法律は、Amazonの倉庫で働く低賃金労働者の生活を政府が面倒見ることで、生活費相当を政府がAmazonに立替請求するというものだ。

もはやそこには資本主義の理念など全く存在しない、最賃法もびっくりの内容が提案されている。

さらに、Facebookなど、共和党保守派との政治的妥協を図る企業は、今度は逆にこれら左派のリベラル勢力に、投稿内容に関するファクトチェック機能面から締め上げられる状態になっている。

左派のスターであるオカシオ・コルテスは、議会公聴会でFacebookのザッカーバーグ会長が「Facebookは投稿内容に関する検閲をしない」と明言したことに対して、「人種差別やフェイクニュースを容認するのか」と詰問してみせた。民主党左派はテック企業による保守的言論への検閲を奨励する立場だと言えるだろう。

このようにGAFAは左右両翼から叩かれて得票稼ぎのネタにされており、共和党も民主党も猫も杓子も、GAFA批判をやっておくという具合になっている。

では、なぜGAFAはこれほどの批判に晒《さら》されているにも関わらず、米国当局は、ほとんど何も手を付けずに放置してきたのか。

それは、GAFAにはグローバルな経済競争政策、そして外交安全保障上のツールとしての側面が存在するからだ。

米中覇権争いにはGAFAが持つ情報収集能力は必須で、この分野の巨大企業を解体すれば、中国を利する結果を生み出すことにしかならない。

同分野で先行するGAFAらの米国企業が圧倒的優位を築いていることは、米国の覇権を支える重要な要素になっているのだ。

2018年に露見した「プロジェクト・ドラゴンフライ」は、GAFAに対する米国の意思を明確に示す事件と言えるだろう。

これはかつて中国市場に参入していたGoogleが、再び中国市場に参入することを意図し、中国政府の意向に沿った検閲機能付きの検索エンジンを開発していたという問題である。

ペンス副大統領は、このプロジェクトの発覚後、即座に中止を命じている。

この事件を通じて米政府は、「GAFAが米国政府の意思を離れて中国と勝手に妥協することを許さない」という意思を示したのだった。


中国だけでなくGAFAは欧州とも対立を深めつつある。

欧州にはGAFAのようなプラットフォームを持つ企業が成長しなかったため、GAFAに対するデジタル課税を通じた対抗策を講じようとしている。

米国と同じ自由主義・民主主義の価値観を持つ社会において、ＧＡＦＡの欧州進出抑止に対抗できないなら、デジタル課税によって企業収益の上前を撥《は》ねようという試みである。

現在、トランプ政権は強烈にデジタル課税に反目しているが、欧州のデジタル課税は米国の情報覇権に対する一つの回答と言えるだろう。

ＧＡＦＡは米国内からの左右両翼からの圧力を受けつつ、国際戦略上は米国にとって重要な位置を占める企業として微妙な立場に立たされている。

彼らが今後、共和党・民主党のいずれの勢力と手を組んでいくのか、もしくは全く新しい第三の流れを創り出していくのか。２０２０年の大統領選挙・連邦議会議員選挙は一つのターニングポイントになるだろう。

第5章

2020年大統領選挙以後と米国の政権パターン

２０２０年大統領選挙以後を占う三つの要素

２０２０年以降の米国政治の動向を探る上で、重要な要素は三つ存在する。

第1の要素は大統領・上院・下院を共和党・民主党いずれの勢力が占めるのか、というパターンの組み合わせだ。これが捻《ね》じれた場合は、トランプ、バイデンのいずれが大統領に就任しても、人事・予算・法案の成立などが制約される。

第2の要素は２０２２年の連邦議会中間選挙である。２０２２年中間選挙の上院改選州はラストベルトで、前回の２０１６年、同地域で勝利した共和党は防戦を強いられる。したがって、トランプ、バイデンいずれの政権であっても、最初の2年はラストベルトに配慮した政策選択が行われる可能性が高い。

第3の要素は共和党・民主党の外交政策の差異である。対中政策は一定のコンセンサスがあるが、ロシア、イラン、中南米に対して、両者の政策方針は明確に異なる。

その違いが外交政策全体の資源配分に与える影響に注目する必要がある。

以上、三つの観点に配慮しながら、本章では現状で想定され得る政権パターンについてシナリオ分析を行った。

もちろん、予測の前提として不確定要素が多分に含まれることは当然で、これらのシナリオはあくまで現状の仮説にすぎないことには留意してほしい。

現実には各パターンで示したように、スッキリと各事象が発生することはなく、その中間的な状況に落ち着くことも十分想定される。

また、いくつかの仮説パターンのうち成就するのは一つだけになるが、実際には起きなかった、他のシナリオを理解することで、さらに深い洞察を得られることも強調しておきたい。したがって、すべてのパターンを読んだ上で、実際の政治状況と比較・検討し、仮説と現実の差異を理解することが求められる。

われわれが現在知り得る範囲で、覇権国である米国の中期的な未来を予測することは、日本国民が自らの選択肢を模索する上でも有益だと考える。

次ページ以降の分析が、読者諸氏に国際政治の展望を考える知見獲得のための一助になることを願っている。

2022年連邦議会中間選挙を念頭に置く

米国において、政局上の意思決定は、2年に1回訪れる連邦議会議員選挙、特に、1／3ずつ改選されていく上院の選挙州によって大きく左右される。

トランプ政権で国家安全保障担当補佐官を務めたボルトン氏が暴露本（→084ページ）の中で「トランプ大統領が再選を目指すために中国に農産物の購入を求めた」と述べているが、それは2020年の上院改選選挙州に農業州が多いことと無関係ではない。

このような話はトランプ大統領だけの特殊ケースとして捉えるのではなく、あからさまに明言しなくても、当然、政局上の意図が含まれた外交交渉が常に行われていると理解すべきだ。

2020年大統領選挙で、トランプ大統領再選、またはバイデン元副大統領勝利のいずれのケースであっても、同時に行われる連邦議会上院議員選挙の結果を加味した現在の見通しは、共和党・民主党がそれぞれ議席数の約半数を占めて、勢力が拮抗するだろう。そのため、新大統領は自党からほんの数人、造反が出るだけで政権の人事権や予算面で厳しい制約を受けることになる。

したがって、新大統領が実行しようとするイデオロギー的に偏った政策は、政権発足当初、十分には実行できず、上院で連邦議員たちとの妥協を繰り返すことが想像に難《かた》くない。そのため、2年後に予定されている2022年連邦上院議員選挙で大勝することが、新大統領にとって安定した政権運営を実現するために必須だと言える。

議席改定州となる「ラストベルト」向きの政策がポイントに

2022年の連邦議会中間選挙で改選される上院議員の議席は、2016年に選出されたものだ。つまり、トランプ大統領がヒラリーを下した際、同時に選出された上院議員の選挙が行われることを意味する。

2016年上院議会議員選挙は、共和党が既に獲得していた接戦州を守り切った選挙で、共和党22議席・民主党12議席を奪い合う選挙となっている。

そして、この選挙の対象となる州には、ラストベルトを中心に、両党ともに脆《もろ》い選挙基盤しかない地域を多く含んでいる。

ウィスコンシン、オハイオ、ペンシルベニア、ノースカロライナ、アイオワ、フロリダなど、両党の実力が伯仲する州で行われる選挙の勝敗は、極めて流動的である。

そのため、少なくとも2020年から2022年の間は、共和党も民主党もラストベルトの住民のご機嫌を過度に損ねるようなことはできず、むしろ同地域の人々が喜ぶような政策を推進する可能性が高いことは自明だ。


ラストベルトに関する重要政策は、同地域の製造業の復活であることは言うまでもない。同地域に対するラストベルトの呼称は「錆《さ》びた工業地域」を意味しているが、製造業の復活こそが同地域の願望と言ってよい。

トランプは2016年大統領選挙、2018年連邦議会中間選挙で製造業を守るため、貿易問題には積極的に取り組んできた。

TPPからの脱退、NAFTAの見直し、欧州・日本との貿易摩擦、米中貿易交渉などの理由の一つは、ラストベルト向けの選挙対策である。

したがって、誰が大統領になったとしても2022年中間選挙に向けて「保護主義」的な言動を繰り返すことは容易に想像がつく。

仮にトランプ政権が継続したら、中国だけでなく欧州・日本との貿易交渉も再び行われるだろう。

トランプ政権の対中貿易交渉は、中国の不公正な貿易慣行是正、安全保障上の関心に裏付けられたものであるが、同盟国に対する圧力は、ラストベルトへの利益誘導の面が露骨に表れている。

バイデンは「同盟国との貿易摩擦は避ける」と発言しているが、ラストベルトの有権者からの圧力を常に受け続けることに変わりなく、オバマ政権時代に自らが推し進めたTPPへの早期復帰は困難だろう。

したがって、ラストベルト対策は、TPPも含め、アジア太平洋圏で対中国の枠組みを進めたいバイデン政権にとっては重い足枷《あしかせ》となるはずだ。

一方、トランプ大統領は、ラストベルトの化石燃料産業の活性化に取り組んできた。

水圧破砕法の推進や石炭火力の再開など、化石燃料関連産業に対する振興を通じて、直接的に雇用を創出するだけでなく、安価な国内電力供給により、製造業のコストを引き下げる結果を生み出してきた。

これに対して、バイデン率いる民主党の目玉政策の一つは環境規制の強化である。したがって、トランプ大統領と共和党が重視してきた化石燃料産業は冬の時代を迎えることになる。

ただし、単純に化石燃料産業を潰すだけではラストベルトの労働者からの支持を得られず、民主党は勢力が拮抗する上院で自党の議員すら、まとめ切ることはできないだろう。まして、2022年中間選挙に上院で勝利するなど、夢のまた夢となってしまうに違いない。

実際、民主党左派が進める過激な環境規制に関して、ラストベルト最大の選挙母体である労働組合は断固反対の姿勢を示しており、一筋縄では話は進まない。そのため、労組の支援を得るためにラストベルト向けのインフラ投資が重要となる。

トランプ政権は巨額のインフラ投資計画を打ち出してきたが、その財源・手法を巡って共和党内から反対論が根強いこともあり、実際にはインフラ投資計画を進めることができなかった。

民主党にはその制約が存在しないため、トランプ政権時代に引き上げられた国防予算を抑制し、いくらかの増税を行うことで、インフラ投資費用を賄うことができるだろう。したがって、バイデン政権はラストベルトに向けた巨額のインフラ投資を推し進めることになる。

ただし、このようなインフラ投資計画はコロナ禍で落ち込んだ雇用を回復させることには貢献するものの、巨額の資金需要はドル高を誘発する可能性が高い。それは米中貿易摩擦を一層深刻化させる懸念があることも忘れてはならない。

以上のように、米国内外で大きな影響を与える政策的な意思決定は、2022年連邦議会中間選挙で選挙対象となる「ラストベルト」の意向を踏まえて実施されていくことが予測される。

トランプか、バイデンか、その選択は極めて重要であるが、実は2022年までの米国政治の基本シナリオは、ほぼ既に決まっていると言えるだろう。

トリプルブルー政権（大統領・上院・下院のすべてが民主党）

民主党左派と中道派による主導権争い

2020年大統領選挙・連邦議会議員選挙の結果として、最も可能性が高い政権パターンの組み合わせは、大統領・上院・下院のすべてを民主党が支配するトリプルブルー政権である。

それはバイデン大統領、シューマー上院院内総務、ペロシ下院議長らによる民主党エスタブリッシュメントと、サンダースら民主党左派の内ゲバの始まりを意味する。

トリプルブルー政権は、民主党多数による安定した政権運営の見掛けと実態の乖離《かいり》が著しいものになるはずだ。

民主党議員らの資金調達は、インターネットを通じた小口献金に移行しており、左派系有権者らの党内における影響力は、飛躍的に強くなっている。

特に下院では議員の過半数がネット小口献金に依存しており、中道派の議員らが左派系の影響を抑えようとしたところで、ネット小口献金に支えられた左派の濁流は、中道派の抵抗を押し流していくだろう。

2020年大統領選挙で、バイデンとサンダースらは、共通の敵であるトランプ大統領と共和党保守派に勝利するため、多くの政策的な問題を先送りする形で協力関係を構築したが、その協調関係もトリプルブルー政権発足直後から急速に軋《きし》み始めるだろう。

その結果として、バイデン大統領も現実の議会対策の中で、左派系への配慮をせざるを得ず、「顔はバイデンでも中身はサンダースまたはウォーレン」といった政権運営になっていく可能性が高い。

さらに、党内で急速に左派の力が増大化することで、左派からの党内中道派への挑戦の機運は極めて強くなる。

中道派・左派の主導権争いが激化し、場合によっては議会指導部の中道派が、その地位を追われて、影響力を強める左派が議会支配権を握る可能性すらある。

2022年の中間選挙がターニングポイント

政権運営のターニングポイントとなる瞬間は2022年連邦議会中間選挙である。2022年の中間選挙は、上院ではラストベルトが主要な選挙州となるため、同選挙が終わるまで民主党内ではさまざまな政策で揉めるものの、中道派と左派で一定の合意を得つつ政権が運営されていくことになる。

ラストベルトを制するためには、民主党左派も自らの色を抑えつつ、まずは議席を確保するように動かねばならないからだ。

具体的に、中間選挙以前の期間は、バイデン大統領が掲げた中途半端な経済政策が実行されていくことになる。気候変動対策はパリ協定復帰やグリーン投資という形で、同地域への公共事業による利権誘導の形で行われるとともに、電気自動車、太陽光パネル、鉄道交通網、それに伴うインフラ整備などによって、エネルギー産業の雇用代替に力が注がれるだろう。（水圧破砕法の規制などは当初含まれない）

民主党が上院で過半数を制するこのパターンでは、財政調整法を駆使することで議事妨害（フィリバスター）を回避し、法人税増税やキャピタルゲイン増税などの各種増税の断行が可能になる。

したがって、巨額のインフラ投資予算を捻出するために、増税とセットになる形で政府支出が実施される。大規模な増税は、株価に一時的な影響が出るだろうが、「コロナ禍」下の失業率改善を優先する新政権は気にせず、インフラ投資を優先する決断を断行する可能性は十分にある。

一方、メディケア・フォー・オールのような過激な社会保障政策は、トランプ政権の最初の2年間で試みられたオバマケア廃止法案のように、与野党議席が拮抗する可能性が高い上院を通過することはないだろう。もちろん、トランプ政権が廃止した、オバマケアの強制加入義務付けなどは、他の法案に便乗して盛り込む形で復活するかもしれないが、それ以上の改革は政権当初の2年間では達成困難である。

ラストベルトが２０２２年中間選挙の主戦場になる以上、中国に対する不公正な貿易慣行の是正は引き続き強く求められることになり、ＴＰＰの早期復帰や対中関税の急速な見直しは困難だ。

中国の知的財産権侵害や人権侵害に対する批判は超党派で支持される話題であるため、中国に対する方針が急激に大きく転換する可能性は低い。

バイデン自体は中国に対して弱腰となる可能性は捨てきれないが、連邦議会は民主党であっても中国に厳しい姿勢を取る可能性が高い。

中間選挙後の動向で左派政策が本格化する

ただし、2022年連邦議会中間選挙後までトリプルブルーを推進したモメンタム（勢い）が継続する場合、同選挙後に党内左派は同政権の支配権を掌握すべく、大きく動き始めることになるだろう。当初見送られた左派政策が本格的に議論されるのは、2024年、バイデン大統領以後を見据えた2022年の中間選挙後になる見通しだ。

2022年の中間選挙で上院の議席を伸ばす可能性が高い議会民主党は、その後、上院の過半数を確保したことで採決の余裕が生まれる。

左派的な政策はバイデン政権の後半2年間でテーブル上に並べられることになり、一期で引退が見込まれるバイデンの後釜大統領を再び左派にしようという動きが盛り上がることは明らかだ。

左派の力が強くなる民主党の外交・安全保障政策は、現実と理想の間で「画に描いた餅」となるだろう。既に2020年選挙以前から軍事費10%削減を求める法案が民主党から提出されていることからもわかるとおり、米国単独での軍事的な展開能力の限界が問題となり、同盟国との協調姿勢が強く打ち出されることは容易に想像がつく。

しかしそれは、米国の軍事能力低下と裏腹の関係にあるため、同盟国は不信を募らせるとともに、世界中の米国に対する敵対国の行動を抑止できるかという命題に関しては、非常に怪しい状況を生み出すだろう。

そのため、トリプルブルー政権下では、米国が民主主義国の連帯を呼びかけることで欧州などは表面上呼応するだろうが、実際には同盟各国が米国のコミットメントの信頼性を疑って独自の行動を取るようになることが予測される。

欧州は対ロシア政策や炭素税調整の導入などでバイデン政権と歩調を合わせるだろうが、完全に対中シフトに踏み切るのは一部の国に留まるはずだ。

米国は民主主義国によるコミットメントを標榜するものの、軍事的な展開力に問題があるトリプルブルー政権は、台湾へのコミットメントも極めて消極的になるだろう。

中国側も環境問題や北朝鮮・イラン問題を取引材料として、米国に対してさまざまな譲歩を迫ることは明白で、目の前に餌をぶら下げられた民主党の強面《こわもて》姿勢が、どこまで維持できるかは疑問である。

一方、中東地域では人権問題を抱えるサウジアラビアとの関係が急速に悪化するため、同地域の安定は急速に揺らぐことになるだろう。

2020年8月に、イスラエルとUAEが国交樹立した背景には、バイデンの対イラン宥和《ゆうわ》政策とサウジアラビアの混乱という見通しが影響している。場合によっては、ISISの再台頭や核ドミノなどが起きることも想定されるため、実際には中国やロシアに対して十分な外交・安全保障のリソースを割くこと自体、難しくなるかもしれない。

共和党の存在危機

トリプルブルー政権が誕生した場合、共和党は自らの存立基盤を大きく揺るがす事態が発生することになる。

共和党内では伝統的な小さな政府を求めるグループと、そこから離脱した大きな政府を容認するグループの主導権争いが本格化するはずだ。

とりわけ、もともと穏健な主張をしてきた党内主流派（ブッシュら）のグループではなく、トランプ大統領に極めて近い立場を取ってきた保守派内での路線闘争が深刻化することが予想される。

急進的な民主党左派の脅威拡大によって、「敵の敵は味方」の論理から、共和党内の団結を叫ばれることになるだろうが、共和党保守派内ですら、政策的なコンセンサスは容易には得られないだろう。

特に、財政政策・経済政策の方向性について、党内のコンセンサスが得られるかどうかは非常に疑わしい。

そのため、共和党のアイデンティティは、民主党左派に抵抗する文脈で、伝統的な価値観を護る文化政策や安全保障の根幹となる軍事費増加などの部分に集約されていくことになるだろう。

パープル政権①（バイデン大統領・共和党上院・民主党下院）

2番目に発生する可能性が高い政権パターンは、「バイデン大統領、共和党上院多数、民主党下院多数」の状況になるケースだ。

この場合、バイデン大統領が推進しようとする政権人事、下院民主党が進めようとする左派的な予算・法案を、共和党上院議員らが徹底的に拒否、または遅延させる行動を行うことが予測される。もちろん、共和党上院議員らが進めようとする政策も超党派で合意できるもの以外、一切進まないことになる。

特に深刻な問題は、バイデン大統領が指名する1000人程度の議会上院承認を必要とする政権高官人事が滞ることだ。

バイデン大統領は党内左派に押される形で左派系の政権高官人事を実施しようとするだろうが、共和党上院議員らがそれらの人事を承認することはあり得ない。

バイデン大統領と共和党上院議員らの最も激しい軋轢《あつれき》を生み出す人事案件は、最高裁判所判事人事である。もちろん、それに付随して連邦控訴審判事人事なども極めて厳しい対立が発生することになる。

共和党側は経済に強いはずのトランプ大統領が敗北し、連邦予算の主導権を持つ下院の過半数を失っており、自らの政治的な正当性を経済政策の観点から主張することが難しくなる。そのため、護憲派や宗教団体が後押しする伝統的な価値観を巡る文化闘争の側面を強めていくことが予測される。

それ以外の政権高官人事でも、バイデン大統領は、人事の側面からイデオロギー的に偏った政策を進めることが難しくなる。

その結果、ワシントン政治の論理に従う形で、民主党中道派または共和党主流派に比較的近い人物らの影響力が増していくことになる。

このパターンでは民主党・共和党が激しく揉めているように見えるが、連邦議会の中道派議員による妥協に向けた折衝が増加し、むしろ、実質的に彼らの影響力が高まることで安定性が増すだろう。

バイデン大統領は「共和党が支配する上院が人事・法案を邪魔する」と言って批判するだろうが、同時に共和党上院が民主党左派に対する防波堤として機能するという利点を認識することにもなるだろう。

妥協と利益誘導の政治

では、このような中道派が主導する妥協を促す政治状況の中で、最も進みやすい政策とは何だろうか。

それはやはり、各選挙区への利権誘導につながるインフラ投資政策である。

米国では公共事業による利権誘導はイヤーマークと呼ばれており、大きな政府を推進する政治家が行うものとして広く知られている。

公共事業は、保守派が多い共和党下院で極めて不人気な政策である。

トランプ大統領もインフラ投資政策の必要性について選挙戦時から主張してきたが、同大統領は自らの支持基盤である共和党保守派に配慮せざるを得ず、実際にはなかなか同政策に着手するのが難しかった。

特に、インフラ投資の財源を巡って、増税反対の保守派に配慮するトランプ大統領と、増税を主張する民主党下院との間で折り合いがつかなかったことは、公共事業が進まなかった最も大きな理由であった。（上院の共和党主流派はインフラ投資自体に否定的ではない）

バイデン大統領・共和党上院・民主党下院の組み合わせは、インフラ等の公共事業に対してすべてのプレーヤーがポジティブであり、２０２２年中間選挙に向けて現職議員による選挙区へのサービスとして、インフラ投資に関する妥協が行われる可能性が極めて高い。

この際、共和党上院は政治的なポーズとして増税を拒否する可能性が高いことから、国債発行の容認、または課税方式を変えることで、インフラ投資の財源を捻出することになるだろう。

トリプルブルー政権よりはインフラ投資規模などには制限がかかるが、法人税増税やキャピタルゲイン課税強化などは回避できるので、株価にはポジティブな結果につながるだろう。

一方、その他の法案や予算については、上院共和党と下院民主党との間で激しい対立が起きることになる。

不法移民対策、エネルギー政策、メディケア・フォー・オールについても同様であり、バイデン大統領および、民主党下院左派が推進しようとする政策は共和党上院によって徹底的に潰されることが予測される。

バイデン大統領にとっては、自らが党内左派の政策を潰すわけではなく、共和党が代わりに潰してくれることは、実は願ったりかなったりに違いない。

一方、共和党上院は自らが行政をコントロールするわけではないため、2022年連邦中間選挙、2024大統領選挙・連邦議会議員選挙を見据えて上院での多数を生かし、選挙争点になり得る法案を次々と議会に提出するだろう。

それらの法案を下院民主党にあえて否決させることにより、下院議会の過半数奪取の大義名分を作ることになる。

したがって、バイデン大統領のホワイトハウスが眺める中で、上院共和党と下院民主党の間で政治的な駆け引きが延々と繰り返されることになるだろう。

軍事費を巡る相克

この中で、深刻な予算上の問題として懸念されるポイントは、軍事費の維持を求める共和党上院議員と社会保障費増額を求める下院民主党議員の衝突である。

それらは互いに一歩も譲らない状況になるため、軍事費の増加に「待った」がかかることにより、再建途上にあった米軍の能力は、再び限定的なものに押し込められていく。

したがって、世界に対する問題についても共和党・民主党はある程度コンセンサスを形成しつつも、実際には十分な米国の関与が難しい状況となっていくだろう。

バイデンは理想主義的な民主主義の価値観を打ち出すことによって、全世界の民主主義国に対してリーダーシップを発揮しようとするだろうが、それは必ずしもリアリズム政治を志向する共和党上院との間でコンセンサスが得られるものではない。

また、トランプ政権が一定の関係を築いてきたサウジアラビア、トルコ、北朝鮮らはバイデンの方針に反発することが予想されるため、その方針修正が十分に実行できるかどうかは疑わしい。そのため、このパターンでは、共和党・民主党の両党の性格が米国の外交・安全保障政策に反映し、中国、ロシア、イラン、北朝鮮、イスラムテロリストらに対し、満遍なく対応せざるを得なくなるだろう。

その結果として、トリプルブルー政権よりはマシであるが、世界中で発生する問題に対して美辞麗句を並べることで、一見してすべてのことに善処しているように見えるものの、実際は外交安全保障のリソース不足に苦慮する有様となる。

中国やロシア側は米国の様子を観察しながら、手薄になった第三国のプレーヤーに手を差し伸べて米国の影響力の低下を促進し続けることになる。

米国は同盟国に外交安全保障上の応分の役割を求めるが、同盟国側も米国の意思・能力に疑いを持つため、返答は修辞学の域に留まることが懸念される。

パープル政権②（トランプ大統領・共和党上院・民主党下院）

現状と同じ、トランプ大統領、共和党上院、民主党下院の構成が維持するパターンである。したがって、政権運営に関しては劇的な変化は直《す》ぐには起こらないと予測されるが、中長期的な政局構造上の変化は生じていく。

トランプ大統領は共和党上院との協力を通じて、ある程度自由に政権高官人事のコントロールが可能になる。したがって、最高裁判事や控訴審判事などの司法関連人事を、保守派で完全に塗り替えていくことができる。

それらの人事は原則として「終身」で、米国において強い拘束力を持つ司法判断の保守性を中長期的に維持できる。

連邦議会が米国社会の分断を反映し、急速に左傾化・右傾化を深めていく中、司法判断の保守性が維持されることにより、米国社会の分断速度には司法の側面から一定のブレーキがかかるだろう。

一方、民主党は、バイデンが敗れて上院のマジョリティも取れないことにより、党内でのパワーバランスは大きく左派に傾いていくだろう。

ペロシ下院議長やシューマー上院院内総務の影響力が、大統領選・上院選敗北の責任問題で低下するとともに、サンダースやオカシオ・コルテスのような左派の発言力が強化される。

その結果、過激な言動やイデオロギー的に偏った法案が頻繁に下院で提出され、民主党は中道派によるコントロールされた議会運営能力を喪失していく可能性がある。

中間選挙前後の国内政策

一方、2022年連邦議会中間選挙において、保有議席の大量改選となる共和党がラストベルトを中心に数議席を失って上院のコントロールを失う可能性が出てくる。

その結果として、中道派によるコントロールを失って左派に傾斜した議会民主党は、トランプ政権に対して、再度何らかの理由をつけて弾劾に踏み切ることも考えられる。

逆に共和党が、中間選挙でも上院のコントロールを維持した場合、民主党側は党内路線闘争が深刻化し、中道派と左派の内ゲバが過激化していくことになる。

ただし、民主党に下院を握られている状態では、トランプ政権・共和党は、予算や法案の自由が著しく制限された状態で過ごさなければならない。

だが、「コロナ禍への経済対策」の観点から、インフラ投資に関しては進められる可能性がある。

2020年まで、下院民主党の中道派指導部は増税を財源にすることを求めてきたが、実は、下院民主党の左傾化が進むと財政規律が優先されなくなるため、国債発行による財政赤字増加の選択肢を採用する可能性が増すからだ。

共和党も財政健全化を求める下院共和党保守派の影響力が制限されていることもあり、トランプ大統領・上院共和党は、下院民主党と合意の上で赤字国債によるインフラ投資に踏み切ることも十分に想定される。

外交・安全保障政策の展望

外交安全保障については、現在の路線の応酬が続くことになる。ただし、中国に関して米中は既に十分噛み合っているため、これ以上激しい対立になることは想定できない。

トランプ大統領と習近平は似た思考を持つプレーヤーであり、優れた将棋の指し手同士のゲームのようなものだ。

もちろん、ハイテク製品に関する制裁、人権問題に関する制裁、サプライチェーンの見直し、そして対中の枠組みに関する外交的連携は促進されることになる。

中国側はトランプ大統領との直接的な取引を志向し、貿易交渉なども含めて何度も同じ駆け引きが繰り返されることが想定される。

民主主義の価値観にこだわるバイデン大統領が誕生した場合と比べて、ロシア、北朝鮮、サウジアラビアなど、トランプ大統領はゲームの盤上で組むことができる相手先のバラエティは豊富だ。

それは中国が同価値観を無視して外交を展開することに似ており、両者の間にあるものは純粋なパワーゲームとなるだろう。ある意味では「良く噛み合った関係」と言えるかもしれない。

トランプ大統領は米国の経済力・軍事力を回復することを通じ、その影響力の拡大を志向することになる。他方、中国もトランプ大統領と米国議会による圧力を耐えきり、米中国力逆転の時間稼ぎを狙っていくことになる。

米中対立は、最終的に第三国の経済発展を取り込む陣営に勝利がもたらされることになるが、それはトランプ政権の間に決着がつくことはないだろう。

一方、2022年中間選挙に向けてラストベルトの製造業に配慮した政治が継続するため、欧州・日本などに対する貿易交渉も継続して行われることになる。

本来であれば、対中政策で米国は欧州と一致した行動を取りたいだろうが、米欧両陣営の間に存在する火種は簡単に鎮火することはないだろう。

特にGAFAに対する課税問題や対ロシア問題のスタンスなどを巡って、米欧の対立は深刻化していくことが予測される。

パープル政権③（トランプ大統領・民主党上院・民主党下院）

このパターンはバイデン陣営にスキャンダルが発生し、トランプ大統領だけが生き残り、上下両院の連邦議会が民主党多数派になるシナリオである。

このケースはバイデンに余程の失策があった場合に発生するため、民主党内では左派から「中道派による失策」と見なされるだろう。

「トリプルブルー政権」と比較した場合、民主党議会指導部で中道派は主導権を失い、左派の影響力が著しく高まると想定される。

激化する大統領と議会の対立

民主党は上下両院を通じて、予算案や法律案などで主導権を発揮し、共和党側がとても呑めない内容の議会運営を行うだろう。そうなると、トランプ大統領は頻繁に拒否権を行使することになり、議会との折り合いがつかなくなるため、大統領令の濫発が予想される。

その結果として、民主党内からトランプ大統領に対する批判が吹き上がることになるはずだ。そうなれば、トランプ大統領に対する弾劾決議が、再び進められる可能性が増大する。民主党中道派は政治力が低下しているため、左派による強引な弾劾決議への動きを止めることは困難だろう。

共和党議員らも上院・下院での惨敗によって、トランプ大統領への求心力が低下していることが予期されるため、再度巻き起こる弾劾問題の成立に関するリアリティは一定程度、存在する。

トランプ大統領はワシントンの議会勢力と明確に対立することになるので、対抗上の必要性から、再び、自身に対する民衆からの支持が重要となり、ポピュリズム勢力をホワイトハウスに再招致する可能性もある。

その結果、民主党議会との対立は、さらに抜き差しならない段階に踏み込むことも想定される。

過去の対議会運営を見ていると、トランプ政権は予算案などの絶対に通過させる必要がある案件については、最終的に民主党との妥協を柔軟に成立させてきている。

そのため、トランプ自身、事態に対処する自信はあるかもしれないが、民主党側の余裕がなくなっていることから、政権運営の見通しは不透明になるだろう。

また、GAFAに対する政治的な圧力行使の刃止めとなる勢力の影響力が減退することから、テック系巨大業などへの独禁法適用や規制強化の議論が勢いを持つ可能性がある。その結果、実際に米国は自ら虎の子を解体するという悪手を打つことになるかもしれない。

「想定しうる最悪のパターン」と言える理由

国内政策は大幅に遅滞・混乱することになるだろうが、対外政策に対する影響も深刻なものになるはずだ。トランプ大統領が外国指導者と何を約束したとしても、連邦議会はそれを裏付ける条約、予算、法案を通すことはほとんどないだろう。

したがって、トランプ大統領の言動に対する外国からの信頼が、現状以上に損なわれることは、ほぼ間違いない。

この場合、他国はトランプ大統領、ホワイトハウス、行政各部だけでなく、民主党左派に対する直接的なアプローチを増やすことになるはずだ。

その結果、外交問題に不慣れな左派系の民主党議員たちによる二元外交が発生し、米国の対外政策の方向性は、大いに混乱することが予測される。

民主党左派は軍事費を削減して社会保障費・公共事業費を増加させることを望む傾向があるため、敵対的な外国指導者が友好的なアプローチを行った場合、国内政策の予算的な動機を背景として、容易に信じ込まされる可能性がある。

以上のような状況を踏まえ、トランプ大統領があえて対外的に強硬な姿勢を示し、民主党議会の異論を封じる行動に出る可能性もあるため、国際情勢は極めて不安定な状況に突入していくことになる。

米国から輸出される政治的混乱は、世界情勢の無用な不安定化を招くことが予測されるため、現在考えられるシナリオとして、このパターンは「最悪のシナリオ」だと言える。

トリプルレッド政権

（大統領・上院・下院のすべてが共和党）

現在の政治情勢を加味すると、共和党が下院で勝利できる可能性は低いため、本ケースは「頭の体操」として考えるに留まるものになるだろう。

しかし、このパターンは米国の内政政策・対外政策に著しい変化を与えるため、シナリオとして想定しておくことも必要だ。

この「共和党完全勝利」は想定以上に経済回復が強く、失業率が改善した場合に発生し得るものだ。

同時に、左傾化を強める民主党支持者による暴挙が、米国のサイレントマジョリティから拒否される事態の発生が前提になる。

まず、トリプルレッド政権の場合、共和党保守派が是とする政策が大幅に推進されていくことになる。その結果、米国経済はコロナ禍から復活し、軍事力も十分に対外勢力に対処する戦力が整備されていく。

減税政策が所得税やキャピタル課税減税などを中心に推進されるとともに、エネルギーを中心とした規制廃止政策は維持されるため、米国の経済活動にとっては極めてポジティブな展開となるだろう。

インフラ整備については、共和党保守派が民間資金の活用を重視するため、PPP*を中心としたファイナンスのスキームへの優遇策が整備されることが想定される。

オバマケアの見直しについての試みは再度実施されるだろうが、それを完全に廃止することは困難であり、共和党なりの民間市場を生かした代替的な改革案が検討されることになる。

一方、本来であれば共和党保守派は、「財政タカ派」（→071ページ）の影響が強いグループであるが、現在の米国は、コロナ禍によって財政のタガが外れた状態にあるため、このパターンであったとしても、財政赤字の増大を抑止することは困難な可能性が高い。

*PPP
Public Private Partnershipの略語。明確な定義はないが「官民連携」の意味で使われる。公共サービス提供において、民間資本やノウハウを活用し、合理化や公共サービスの向上を目的とされる。米国等の事例では、官と民との協同的取組を表す包括的で多様な形態を取り、「官と民の契約による合意や分担」「公共施設・資金・サービスの供給」などを広く指し示す言葉。

保守派が強固な財政タカ派に戻るとしても、中長期的な展望になる可能性が高く、当面の金利上昇は避け難《がた》いため、トランプ大統領はＦＲＢ（連邦準備理事会）への利下げ圧力をかけるために介入を強化するだろう。

対外政策に関しては、国連に対する不信感が強く、影響力を強める中国を批判し、国連とは異なる有志国家によるテーマごとの連携を深めていく方向性を強化することが予測される。

ワクチン開発やエネルギー安全保障なども、自国と友好関係にある国との間で協力関係が強化される流れになっていく。

また、軍事費の安定的増加が継続するため、米軍の能力は着実に再建されていくことになる。

ただし、これは同時に、米軍が小規模な紛争を起こすことが可能になる状態を意味しており、中国に対して、出方次第では台湾海峡などで強いデモンストレーションが発生する場面があるかもしれない。

共和党保守派を支える最大の政治勢力は、福音派を中心とする宗教組織だ。国内での保守的なアジェンダ設定は当然のこととして、同勢力は国際問題についても強い影響力を発揮するようになる。

具体的には、世界中で行われている宗教迫害に対する関与、制裁を強めていくことになるだろう。

中国は香港問題などの民主化問題で外国に国内干渉されるよりも、自国内の宗教勢力による反体制運動を本質的に警戒しているであろうから、共和党の宗教迫害に対するアプローチが強化されることは、本当に中国共産党の瓦解につながる可能性もある。

ロシアに関しては、NATO強化の観点から潜在的な対立関係は継続するが、トランプ、プーチン間での歴史的和解が実施される可能性もゼロではない。

つまり、かつてソ連に対抗するためニクソンが中国と手を組んだように、中国に対抗するため米ロが和解するということだ。

米国の基本的方針を見ていると、あり得ない想定のように思えるが、トランプ大統領を支持する対外関与（特に中東）に消極的な勢力が、ロシアとの和解に好意的であることは、頭の片隅に常に置いておくべき情報である。

いずれにせよ、トリプルレッド政権になった場合、トランプ大統領はケネディ、ニクソン、レーガンらと並び、歴史に名を遺す偉大な大統領になる可能性が高いと言えるだろう。

第6章

日本への提言

―四つの研究センターと近代政党の創設

本章では、2020年大統領選挙後に起きる世界の変化を見据えて、日本国民が創り上げるべき四つの研究センターに近代政党を加えた、五つの組織創設に関する提言をまとめている。

2020年大統領選挙以後の国際情勢の変化、特に東アジアにおける環境変化は、2016年のトランプ政権誕生時とは比較にならない激流となって日本を襲うことになる。

バイデン政権または民主党優位に傾く米国情勢に対応し、東アジアに新しい国際秩序が形成されていく中、日本の立ち位置、国民の生命・財産を守るために、いかなる道があるのかを模索することが望まれる。

そのためには、「日本が生き残ること」に必要な方針を示す、土台となる組織が必要である。

その土台として四つの研究センターと、一つの近代政党のアイデアを日本国民に提示する。これらの組織はトランプ政権が継続しても、同様に求められるものであることに変わりはない。

「対米シナリオ研究センター」「歴史戦研究センター」「アジア太平洋同盟研究センター」「日本製造業回帰研究センター」の四つの研究センターは、21世紀の日本にとっては不可欠な知見を提供する中核組織である。

これらの研究センターが供給する知見は、日本が中国の影響下に入ることを防ぎ、外交・安全保障上の地位を確立するために重要な役割を果たすだろう。

そして、これらの研究センターが生み出す知見を生かすため、従来までの政治の姿もガラッと変わることが求められる。

その受け皿として、世界第3位の経済大国にふさわしい「近代政党」の存在が必須だ。その政党は日本国民の総力を生かせる仕組みを持つことが求められる。

本来であれば、これらの組織は本書が提言するまでもなく、現代日本に当然、存在しているべきものだ。

日本の未来を切り開くため、一人でも多くの方にその必要性を認知していただき、筆者自身、これら組織創設の実現に向け、何らかの貢献ができるよう努めて参りたい。

対米シナリオ研究センターの設置

２０２０年大統領選挙・連邦議会議員選挙の結果として誕生する米国政権は、民主党圧勝のトリプルブルーから共和党逆転のトリプルレッドまで、幅広い選択肢があり得る状況だ。今後の米国のシナリオ展開を分析するためには、大統領、上院、下院の構成を分析するだけでは不足している。

接戦州の勝敗、鍵となる議員の当落、主要圧力団体による影響力の変化などから生まれる政策的方針、および具体策を見極めることが、米国の政治情勢の趨勢を正確に捉えるには必要な作業となる。

そのためには政治的スケジュール感も極めて重要な要素となり、２０２０年大統領選挙だけでなく、大統領選挙直後からスタートする２０２２年中間選挙の見通し、可能なら、２０２４年大統領選挙・連邦議会議員選挙の展開も具体的に想定できることが望ましい。

米国の政治プレーヤーの動きは常に選挙によって規定されており、次に訪れる選挙の構図を知っておくことは、米国の対外政策の行方を予測する上で欠かせない。

それらは中長期的な米国の人口動態、経済構造、社会意識などの変化を踏まえた、総合的な分析が求められる。

今後現れる政治的プレーヤーは、必ず何らかの社会的背景を持ち、未来のキーパーソンを特定する上でも、こうした情報は非常に役に立つものだ。

FACTに基づく正確な米国情勢の分析が日本の国益につながる

そこで、「米国」という、日本にとって最も重要な国家の政治情勢を丸裸にし、未来を正確に予測するため、本書では「対米シナリオ研究センター」の設置を提言する。

その主なミッションは、米国内の政治的動向について中長期的なシナリオを分析し、日本のコンティンジェンシープラン（緊急時の対応計画）を策定することだ。

従来までの日本の対米研究は、一部の限られたエスタブリッシュメントが実施して

きた領域であった。限られた人々が、限られた知識で、限られた対象に助言を与える
ことをミッションにしてきたと思う。

　これはエスタブリッシュメントを中心とした組織体の在り方としては正しいかもし
れないが、今後、ますます政治的な激動を迎える米国政治の状況を捉えるためには、
より広範な国民が参画した、複眼的な思考や視座が必要となる。

　その際、個々の研究者や現場の実務担当者は、米国に対する漫然とした調査研究を
行うのではなく、明確な意図を持って、米国内の各政治勢力の性格、能力、規模を理
解し、主要プレーヤーの発言を丁寧に追うことで、米国動向をいくつかの主要シナリ
オに落とし込むような研究が重要になってくる。

　2016年にトランプ政権が誕生した際、「予測不能」と識者らから評されたが、
これは全くの出鱈目《デタラメ》だった。実際、トランプ政権は共和党保守派が主導する政権であ
り、政策の大半は保守派が長年主張してきたものでしかなかった。

　しかし、日本側の対米研究は、非保守派の限られたルートでしか行われず、トラン
プ政権を主導した共和党保守派の人脈・知見が不足していたこともあり、トランプ政

権の政策を「予測不能」と表現せざるを得なかったのである。

今回、仮にバイデン政権が誕生した場合、バイデンの外交・安全保障スタッフは、エスタブリッシュメント系が多いため、現段階で日本側の研究者らは「バイデンの政策は予測可能性が高い」と感じるだろう。

実際、バイデン自身も「クレディビリティ（信頼性）が大事である」と述べており、既存の米国関係者は、バイデン優勢の報を受け、胸を撫で下ろして安堵しているかもしれない。しかし、米国民主党内では過激な左派勢力が力をつけてきており、その影響力はバイデン政権の外交・安全保障方針を揺さぶる可能性が十分にある。

その際、日本側が彼ら左派勢力の影響に関する分析が十分にできる体制が整備されているとは思えない。

そのため、従来までの枠組みを超えた、米国政治情勢のシナリオ分析に特化した専門機関が必要となる。

そのイメージは、一党派のイデオロギーに偏ることなく、淡々と米国の未来についてのパターンを描き続ける予言書のような機関でなくてはならない。

もちろん、同機関から生産される予言は確かなＦＡＣＴに裏打ちされた、根拠あるものでなければならないのは言うまでもない。

米国は政治イベントの日程が法定されているので、シナリオ分岐を想定して分析することが他国に比べて容易な国の一つである。そのため、シナリオ分析を専門とした調査・分析機関を設立して活動できれば、日本人は米国で起きる大半の出来事について事前に想定・準備・対処できるだろう。

政策シンクタンクの動向に注目する

米国で最も注意を払うべき存在は、次々と新しい政策アイデアを携えた新興シンクタンクの存在である。

著名なスポンサーが出資するもの、既存の老舗シンクタンクから分離・独立するもの、政権高官がスピンアウトして設立するものなど、玉石混交ではあるが、優れた働きを始める組織はワシントンD.C.の至るところで見聞きするようになる。

当然ながら、常に米国動向、特に知的インフラの動向については、些細な変化を見逃さずに押さえておくことが肝要である。優れたアイデアを持っている人間の主張は瞬く間に賛同者を得て、影響力が拡大していくからだ。

また、そのアイデアが拡大していく際に必要となる、「草の根団体」も押さえておくことが重要だ。

いずれの草の根団体も、全米にネットワークを構築して影響力を持ち始めるには、数年の月日を要することが多いものの、その土台がしっかりと構築されることにより、全米を揺るがすキャンペーンを展開できる力を持つことになる。

米国の政策は民意による裏付けを必要としており、それは外交安全保障政策においても例外ではない。米国政治の趨勢を分析する際には、新興シンクタンク・草の根団体だからといって軽く見るのではなく、常にそのアイデアや影響力について、適切な評価を下せる「目利き」のような能力が重要になる。

それには、上席者の権威に対して盲目的にオベンチャラを続けるような日本の文化風土は一旦捨て去り、日本国内に一般人の立場（平場）で情報を評価・選定できる機関が必要だ。さもないと、愚にもつかない上席者が、仲良くしている米側の人物の発言ばかりを重要視するような判断が繰り返され、情報分析が歪《ゆが》んでしまう。

筆者が日本において、ある学者に米国保守派の生の情報を提供した際、「それはいずれの先生（学者）のご意見ですか」という言葉を発した愚か者に遭遇したことがあるが、このような人物を「対米シナリオ研究センター」の上席に就けてはならない。「対米シナリオ分析センター」は、左右の区別やエスブリッシュメント・大陸浪人に関わらず、政府方針にも忖度せず、あらゆる人が自らの知見のみで評価される場であることが必要だ。間口を広くして個人のアイデアを重視する姿勢を打ち出し、多層的な視点から情報を分析することが求められる。

日本において、同センターは外交・安全保障関連のエスタブリッシュメントから、初期段階では白眼視されるであろうが、本当に有用な知見は自由闊達な議論ができる場に集まるものだ。

同時に情報の評価・選定に関しては、同センターを取りまとめる人物が管理し、情報源を安易に公開しないことは言うまでもない。

今後、国際環境は大きく変動し、情報技術は加速的に発達していく。その中で米国政治関係者の新陳代謝はさらに早まるだろう。

その際、日本政府や日本企業にとって、時宜にかなった多層的なシナリオ分析を提供できる機関の存在は、責任ある立場の人々の意思決定を大いに助けるだろう。

歴史戦研究センターの設置

米国では若者の間で急速に「社会主義」に対する警戒心が薄れている。２０１９年に共産主義の犠牲者追悼財団とYouGovが16歳以上のアメリカ人２１００人に対して実施した世論調査*によると、若者の約70％が「社会主義者に投票したい」と回答した。米国の若者が左傾化する原因には、学費高騰など、さまざまな経済問題はあるものの、「社会主義や共産主義が、世界にどのような災厄をもたらしたのか」という基本的な知識が欠けていることが非常に大きいと思う。

これは学校教育・大学教育・メディアの著しい左傾化が影響している。筆者の知己も、米国の一流大学でマルクスを正しいとする授業を受けたことがあり、明らかに内容がおかしいと感じたが、単位がもらえないと困るので渋々黙っていたそうだ。

米国の大学環境はイデオロギー的な左傾化が激しく、最近では保守系の学生が大学

* Victims of Communism Memorial Foundation
Fourth Annual Report On U.S. Attitudes Toward Socialism
https://victimsofcommunism.org/annual-poll/2019-annual-poll/

当局に対して言論の自由を求める「フリースピーチ運動」を活発に行うようにすらなっている。

米国で社会主義・共産主義の残虐性にふれられない理由

実は、共和党保守派からの社会主義に対するカウンターパンチも弱い。米国で社会主義や共産主義に対して、ナチスドイツやイスラム原理主義を批判する際に用いる「残虐行為に対する批判」を耳にする機会は少ない。

例えば、ナチスのアウシュビッツ収容所の残虐行為は事あるごとに言及されるが、相対的に、ソ連による強制収容所の歴史については、言及される機会が極めて少ないように思う。

米国保守派は社会主義や共産主義の問題点にふれる際、政府の失敗と自由市場の有効性について理論的なアピールを行うことが多く、「社会主義や共産主義の絶対的な害悪」について語られることは稀である。

この背景には、第二次大戦の際、共産主義国であったソ連とともにナチスドイツと戦ったという事情があるようだ。つまり、「ファシズムと戦った戦友のソ連について、人道的な批判はやりにくい」というわけだ。

実際、共産主義国側は、ソ連がなくなった現代でも、日独のファシズムに対して戦勝国として振る舞い、米国をはじめとした自由主義諸国に肩を並べる国としてのプロパガンダを展開し続けている。

冷戦という世界を二分する対立があったにもかかわらず、社会主義・共産主義陣営は、第二次世界大戦での全体主義との闘いを強調し続けることで、西側諸国による人道的な問題提起に対する批判を逸らし続けることに成功してきたと言えるだろう。

しかし昨今では、欧米においても社会主義や共産主義の脅威を見直す地殻変動は、確実に起きつつある。

米国では1993年に「共産主義のイデオロギー、歴史、遺産についてアメリカ人を教育する」ために、「共産主義の犠牲者追悼財団（Victims of Communism Memorial Foundation）」[*]が設立されている。同財団のウェブサイトには、その趣旨について、以下のように記載されている。

＊ **Victims of Communism Memorial Foundation**
https://victimsofcommunism.org

「ベルリンの壁は1989年に崩壊しましたが、共産主義は崩壊しませんでした。」

「ボリシェビキ革命から100年経った今でも、世界の人口の5分の1は、中国、キューバ、ラオス、北朝鮮、ベトナムで、単一党の共産主義体制のもとで暮らしています。さらに、共産主義政権は、今日、世界で最も広範囲にわたる最悪の人権侵害を犯しています。」

「共産主義はすべての人を平等にすることを約束しますが、根本的な不平等をもたらします。それが試みられるたびに、経済崩壊か警察国家のどちらかで終わります。」

「恥ずかしいことに、自由な世界は共産主義体制の犯罪に対して、道徳的な考慮を要求しませんでした。20世紀の共産主義に生きた記憶を持つ、それらの目撃者は亡くなっています。そして、アメリカ人の世代全体が真実を知らないため、共産主義のアイデアを受け入れられるのです。」（筆者訳出）

この記載にもあるとおり、米国ですら、ソ連が崩壊するまで、共産主義がもたらした人道面での犯罪行為にふれられてこなかったのだが、現在、そのような誤りは着実に見直されつつある。

この「共産主義の犠牲者追悼財団」は、現代社会における共産主義の人道問題についても啓発しており、中国において問題視されている既存の人権侵害は当然のこととして、コロナウイルスで亡くなった人々も、政治体制の犠牲者に加えて発表している。

実は欧州においても、EUとして共産主義に対する総括を正式に行ったのは、ごく最近のことだ。

2019年9月、欧州議会は「欧州の未来に向けた重要な欧州の記憶（Importance of European remembrance for the future of Europe）」*を採択した。これは欧州議会の中道保守のグループが提出した決議で、圧倒的多数の賛成で承認された。

決議の内容は、ナチスドイツと共産主義の双方を断罪するもので、第二次世界大戦の原因として、独ソ不可侵条約にふれる内容であった。さらに、同決議には両者のシンボルとなり得るモニュメントを撤去することを求める項目も含まれていた。

欧州各国の共産党はもちろん反対したが、欧州がナチスドイツだけでなく、共産主義までを含めた、全体主義体制への批判的な総括に踏み込んだという意味では、非常に大きな出来事であったように思う。

＊欧州の未来に向けた重要な欧州の記憶
European Parliament resolution of 19 September 2019 on the importance of European remembrance for the future of Europe
https://www.europarl.europa.eu/doceo/document/TA-9-2019-0021_EN.html

日本はリベラルな政治・文化・社会イデオロギーが、知識人、ジャーナリスト、アーティストなどによって容易に入ってくる傾向がある。

御多分に漏れず、日本のリベラル勢力は、戦前の大日本帝国の問題点、現代日本における人権侵害や米国の対外政策については積極的に意見を述べるが、社会主義・共産主義が人類にもたらした災厄について語ることはほとんどなかった。

また、保守系の論調も人権上の自由に対する無理解は甚だしく、表面上、人権擁護のように見えても、中国人や朝鮮人を叩きたいだけの下劣な言論が蔓延し続けてきた。

そして、「保守」と称していても、政府の肥大化を盲目的に受け入れる社会主義の亜種のようなものまで存在する、惨憺たる有様になっている。

このような状況では、われわれの世界で起きつつある社会主義・共産主義の害悪を再認識する新たなイデオロギーの流れに、十分うまく対応することは難しいだろう。

自由と人権を蝕《むしば》み続ける社会・共産主義の残滓《ざんし》

現在、世界中に存在している権威主義とは、ソ連が作り上げた衛星国家か後継国家である。中国、北朝鮮、ロシア、東欧、中南米の権威主義国は、ソ連が崩壊した後に世界各地に残された遺伝子の残滓と言える。

その抑圧的な政治体質は、ソ連が広めた一党独裁の統治システムが各地域の文化と結びきつつ、その土地柄に適合する形で変質したものである。

ソ連の残した遺伝子は自由主義国・民主主義国の中にも確実に存在しており、われわれの社会を内側から蝕み続けている。米国ですら、社会主義に対して若者が好意的な認識を持つようになっている状況だ。

世界中の政府や知識人が社会主義的な政策を正しいものとして国民に刷り込んでおり、私たちは「政府が肥大化することが、終局的に何をもたらすのか」を正しく認識できなくなっている。

ソ連の脅威は過去のものではなく、その国家は崩壊したとしても、確実に姿を変えてわれわれの社会に浸透しているのだ。それはやがて世界の社会主義化・共産主義化を通じて復活すると想定される。

そこで、筆者は、共産主義の災厄を記憶する「歴史戦研究センター」の設置を提言したい。

共産主義の人権侵害に焦点を当てた情報発信を重点的に実施し、政府の肥大化、社会主義や共産主義が、どのように人権侵害につながるのかについて、具体的な事例を強調し、徹底的に啓発する研究機関が日本にも必要である。

日本は、ソ連による領土侵略、人権侵害、軍事的脅威に最前線で曝《さら》されてきた国である。そのため、ソ連が国内外で行った残虐行為に関する情報を発信し、共産主義や社会主義の問題点を世界に伝える立場にある国の一つと言える。

そして、ソ連および衛星国家・後継国家を中心とした共産主義圏の人権侵害行為に関する資料を提示し、その残虐な歴史を風化させることなく、それらがもたらした人類への災厄を、常に啓発することは重要な仕事だ。

今、世界中で共産主義に対する歴史観の見直しの機運が高まりつつある中、その動きをリードする研究機関が日本から生まれることは、日本人が世界に対して誇れる業績になることは間違いない。

このプロジェクトを遂行する優秀な若手研究者を育成・支援することは、何より重要であり、社会に社会主義・共産主義のウイルスが拡大することに対抗する「ワクチン」として活躍の場を与えなくてはならない。

そのためには、日本の「学会」などの左派的な言論空間ではなく、大学以外の研究機関で生計を立て、活躍できる研究所を作ることが肝要だ。

従来までの大学研究機関によるアカデミック・ポストの配分論理を打ち破り、歴史問題に関して、自由に情報発信できる場が求められている。

したがって、同研究センターは民間の篤志家によって運営されることが望ましく、自由で闊達な発言が容認される場であることが重要だ。

その上で、従来までの教育機関における寄付講座や社会学習団体などへの講演等を通じて、より多くの人々に直接、情報を伝える場を確保して、自主学習団体を形成していくことが望ましい。

この研究センターの活動を欧米各国と協力して進めることで、日本が真に戦後レジームから脱却し、自由で民主的な国としての揺るぎない国際的地位を確立することにつながるものと確信している。

アジア太平洋同盟研究センターの設置

世界全体における米国の経済支配力が、相対的に後退していることは確かだ。これはトランプ政権であろうが、バイデン政権であろうが、簡単に変わることのない現実であろう。

米国の経済的優位のピークは第二次世界大戦直後であり、その後、世界市場が発展していく中で、米国の地位は徐々に絶対的なものではなくなりつつある。当然であるが、経済力は軍事力の裏付けとなっている。強力な経済力は強大な軍事力を担保するものであり、一部の例外を除いて、脆弱《ぜいじゃく》な経済基盤で強固な軍隊を維持することは極めて困難だ。

したがって、米国の軍事力の優位性も、その経済力の相対的な後退に伴って失われていくことになるだろう。

米軍力の低下がもたらす防衛連携の必要性

オバマ政権はいたずらに国防費を削減したため、米軍の世界的なプレゼンスは著しく後退することになった。そのため、トランプ政権は国防費増加に転換することで米軍再建に注力してきた経緯がある。

保守系シンクタンクの「ヘリテージ財団」が2019年10月30日に発表した米軍の能力評価報告書“An Assessment of U.S. Military Power”によると、陸海空、海兵隊、核戦力のすべての軍事能力が「Marginal（限界）」とされている。

Marginalとは、「米軍は単一正面の敵に対処することはできるものの、仮に二正面作戦を遂行した場合、勝利は確実なものではない」ということを意味する。

米軍が強力な空母機動部隊を有していたとしても、もはや実際に、それらを大量動員して戦争を遂行できる状態ではないのだ。

その上、民主党が大統領・上院・下院を制するトリプルブルー政権が誕生した場合、社会保障費増加による軍事費圧迫が予測されるため、米軍プレゼンスの後退は、想定よりさらに早く進んでいく可能性がある。国務省が支えるであろうバイデン政権は、美辞麗句を並べて「民主主義国の連帯」を主張するだろうが、実際に連帯を裏付けるだけの軍事力を提供できるかは疑問が残る。

米軍の軍事プレゼンスが相対的に低下することは、日本にとって脅威であるが、同時に、さらなる米軍のコミットメントを引き出す機会でもある。

日本の国会では、敵基地攻撃能力の保持や、尖閣諸島防衛に関して勇ましい声を上げることが防衛問題に積極的に取り組んでいる証拠と見なされる向きがある。

しかし、筆者には移動式の核兵器発射台を有する北朝鮮、膨大なミサイル攻撃能力を持つ中国・ロシアと対峙するにあたり、そんな議員の「鬨《とき》の声」が、現実に何らかの役に立つとは到底思えない。せいぜい日本国内の選挙で、感情的な排外主義者からの票をつなぎとめることによる政権浮揚効果しか見込めないだろう。

現代の国防を現実的に考えたソリューションの提供

そもそも現代社会では、既に各国独自で軍事力を展開する時代は過ぎ去っており、兵器のメンテナンスも含め、グローバルなサプライチェーンの重要性が増している現実を受け入れるべきだ。

世界中、高度に張り巡らされた兵器のサプライチェーン網なくして、現実には自衛隊の軍事力すら、十分に維持することは不可能である。

したがって、日本の自衛隊であっても、実質的には米軍の軍事・兵站システムとほぼ一体的な運用がなされていると認めるべきだろう。もはや米軍と自衛隊を別の軍隊として防衛戦略を切り分けて議論すること自体がナンセンスなのだ。

真に有効な安全保障政策とは、米軍と自衛隊による事実上の一体化を推進することであり、アジア太平洋版のＮＡＴＯ軍を設立することだ。

そこで、本書では「アジア太平洋版のＮＡＴＯ構想」を推進する取り組みを真剣に進めるための研究センターの設置を提案する。

このような取り組みを推進することで、米軍が東アジア・東南アジアに展開しやすい環境を作り出すとともに、軍事的コミットメントから容易に退くことができない状況を作り出すことが望ましい。

過去にアジア・太平洋地域では、共産主義の脅威に対抗するため、さまざまな広域同盟の試みが実施されてきたが、いずれも機能不全で事実上まともに動いてこなかったことは事実だ。

しかし現在、中国の軍事力強化という脅威に対し、日本だけでなく東アジア・東南アジア諸国にとって、単独で対処することは不可能であるという現実を、関係国は早々に受け入れるべきだろう。

最低でも今後10～20年間、中国の国際社会における影響力は強まることが想定されており、中国の能力に対して自国のみで対応できると思うのは夢想に過ぎない。

仮に中国とアジア諸国の間で領土紛争が発生した場合、それらの国々が中国に勝利できる理由は全くない。しかも、領土紛争での敗北は、各国の政権基盤を揺るがし、政治的に致命的なダメージになるだろう。

したがって、常に安全保障問題に端を発する政情不安リスクを抱えながら政権を運営するのは、自らの政権の運命を中国に委ねることとほぼ変わらないのだ。

それは日本においても同じことが言える。

米国は国防総省の「インド太平洋戦略報告書」、日本は「インド太平洋構想（ビジョン）」、ASEAN独自の「インド太平洋」に関する見解、インドの「自由で開かれた包摂的なインド太平洋構想」、豪州の「インド太平洋構想」、韓国の「新南方政策」、台湾の「新南向政策」など各々に打ち出しているが、これらの戦略・構想はすべて同床異夢であり、総じて中国の脅威に対して一致団結して真剣に向き合うものではない。

むしろ現在、ASEAN諸国は、近隣諸国を牽制するために急速な軍拡を進めており、無原則な軍拡状態を放置することは、中国が同地域に付け込む余地を与えることになるだけだろう。

日本政府は国内法改正も含め、日米豪印の連携を徐々に進めているが、現実に対する対応スピードは十分ではない。

このままでは、日本が中国の脅威を認識して目を覚まし、大規模な国防体制の見直しを行う前に、アジア諸国のいずれかが中国との間で小規模な領土紛争を経験し、人民解放軍に大敗するのを待つことになる。

その際、中国との紛争で最初に敗北を経験する国が、日本ではないという絶対的な理由はない。

アジア太平洋版ＮＡＴＯの必要性

中国に現実的に対処できる確かな方法は「アジア太平洋版ＮＡＴＯ構想」だけである。アジア太平洋版のＮＡＴＯ軍が存在することで、中国に対して米軍の軍事力を背景として、常に関係各国が協働して対処できるようになる。

同時に、「アジア太平洋版ＮＡＴＯ」加盟国間による紛争の事前防止が可能となり、中国や朝鮮半島有事に対応するために、各国が過剰な軍事コストを支払うことなく、各々が経済成長に注力できるメリットもある。

中国は同構想に対して、安全保障面だけでなく経済面からも圧力をかけることになるだろうが、中国を超えるために、域内国のＧＤＰ総和も、加盟国が協力して対処するなら有効な対抗策を見出せるだろう。

一見すると、同構想は中国との全面的な軍事対立を促進するように見えるが、実際には加盟国の軍事力の総和を有効に利用し、中国との中長期的な軍縮協議を開いていく道を開くことにつながる。

平和は力によって達成されるものであり、十分な軍事力を持っているからこそ、平和構築のための具体的な枠組みを作り上げていけるのだ。

ただし、日本政府による自国独自の核保有については、粘り強く実現に向けて行動するべきだ。

当面は核シェアリングなどの選択肢を検討するべきだが、「核を持たない国は、いつでも核保有国に一方的に滅ぼされる可能性がある」という現実を忘れてはならない。

どれほどミサイル防衛網を整備したところで、サイバー攻撃やテロリズムも含めてそれを無力化する方法はいくらでも存在する。

通常兵器による防衛協力を同盟国と推進しても、国家の命運を握る核オプションをいつまでも他国に依存することは望ましくない。

したがって、核兵器の保有を常に念頭に置いた上で、日本政府は行動するべきだ。

隣国の大半が核保有国になった現状にもかかわらず、自国が核兵器を保有していないことは、常識的にあり得ないことである。

日本製造業回帰研究センターの設置

日本の製造業の国内回帰が話題となっており、日本政府もサプライチェーンの強靭化を図る政策を立案・実行している。

日本政府は、トランプ政権発足当初から指摘してきた、防衛産業や製造業の対中依存を問題視したことを真似して、製造業の国内回帰を強引に推し進めようとしている。

2020年4月に日本政府が国家安全保障局（NSS）に発足させた経済班も米国の動きに合わせるものと言えよう。

実際、米国の国防権限法の強化や、対米外国投資委員会の活発化に配慮して、米国企業と取引関係を持つ日本企業が、中国企業との関係を見直す動きも起きつつある。

日本企業の生産体制が過度に中国に依存している場合、当該企業が米市場から締め出される恐れが現実化しているからだ。

現在でも、高付加価値を創出するテクノロジーを持つ企業は日本国内に立地しており、これから日本企業が自主的に国内回帰を選択する理由として、日本と中国間の労働コスト逆転や為替レートなどの兼ね合いによる理由も大きいだろう。

既に新興国経済が十分に発展したことにより、日本企業にとって国内に立地したほうが財布の都合がよいという判断もあると想定される。

筆者は企業経営上、経済合理性に従うことは極めて重要であり、それを政策的に無理やり捻じ曲げる行為には賛同しない。

ただし、中国の不公正な制度も含め、製造業の自由な立地を阻害する悪法は積極的に是正する政策には同意する。

不公正な制度の是正を求めるプロセスにおいて、諸外国に工場を立地している日本企業が、「財産接収」というような不測の事態に陥らないよう、リスク管理の一環として国内回帰を一時的に促進することは正しいと考える。

そのため、日本への健全な製造業回帰を促進する「日本製造業回帰研究センター」の設置を提言する。

日本の製造業を守る二つの論点

米国の対中取引規制動向を先読みする

このセンターは二つのタスクを実施していくことが望まれる。それは「米国の対中取引規制動向を把握すること」と「日本に不利益な政策を骨抜きにすること」である。米国の対中取引規制は、中長期的に強化されることはあっても、緩められることはないだろう。米国の取り組みは、中国側が不公正な慣行を改めない限り続くことになるからだ。

中国共産党にとって「不公正な慣行」は、領域支配の正統性を確保する経済成長、および企業支配の根幹に当たるため、容易に是正されることはない。

したがって、トランプ、バイデンのいずれの政権でも、対中取引規制は引き続き強化されていくことになる。そのため、対象となる企業群を事前に察知し、リスクに対して適切な警鐘を鳴らす能力を持つ調査研究機関の存在は、日本経済にとって必須となる。当然ながら、日本企業が中国企業との取引をすべて停止することはできないし、米国ですらそのような事態は想定していない。ただし、皆が米当局の動向を見ながら対中リスクを管理していく状況が常態化していくことになるため、日本企業にとって「米国の対中取引規制動向を把握すること」は、死活的な取り組みになる。

対中取引規制の最終的なアナウンスは米政府機関の発表によるが、その発表があった時点で対応しているようでは「時すでに遅し」になるのは言うまでもない。

逆に、米国当局が中国企業に対して規制をかける前に、その兆候を見抜いて、日本企業に対応を促せば、円滑に経済活動を進める準備ができる。

米国の取引規制の対象は、安全保障上の懸念があるハイテクノロジー企業から人権弾圧に関与する企業までさまざまである。

規制対象企業の選定は米国当局や米議会の動向だけでなく、ホワイトハウスや連邦議員らに近いシンクタンクの動向、支持基盤の声明を丁寧に追うことで予測可能だ。

例えば、2019年10月に米国商務省が行った禁輸措置では、ウイグル自治区にある公安省など、20の地方政府機関と世界でも有数の監視機器メーカー「ハイクビジョン」「ダーファ」「メグヴィー」など、顔認証技術に特化した企業8社を制裁対象に含めた。これらは本書でも取り上げた（→163ページ）、2018年7月に行われた「Ministerial to Advance Religious Freedom（MARF）」と、その付帯会議で行われた「The Coalition to Advance Religious Freedom in China」による書簡提出などの内容を踏まえていれば、当然に予測可能な企業リストであった。

同様に、民主党側にも中国の人権弾圧を問題視する人権団体が支持基盤に存在しており、それらが公表するレポートなども含めた総合的な分析を行うことが望まれる。

日本に不利な国際協定から企業活動を守る

では、同研究センターが実施する二つ目の活動である「日本に不利益な政策を骨抜きにすること」とはどういうことか。

健全な製造業回帰とは、日本に製造業を立地しやすい環境を整備することである。具体的には不合理な税制や規制を撤廃していくことが望まれる。

産業の高付加価値化については個別企業の努力による部分が大きく、政府が個々に口出しすべきではないと筆者は考えている。

他国企業によって代替が難しい産業は輸入規制などの制裁を受けにくいこともあり、

最先端の製品・サービス開発に国家が手を出すことは愚策だ。

したがって、同研究センターは、「製造業回帰を阻害する政治的コスト要因の徹底排除」を提言していくことが求められる。

これは企業活動を営む際、政治が課す余計なコストを引き下げ、日本への製造業回帰が自然に行われるよう調整することを意図している。

トランプ政権は中国やインドなどに甘い条件を課しているパリ協定から離脱し、新興国企業を利するだけの、欺瞞に満ちた環境政策の在り方を厳しく批判してきた。

このような取り組みは、自国利益をしっかり認識するものであり、日本も積極的に見習うことが望ましい。

ただし、米国で民主党の勢力が強まる中、今後、国際社会において環境政策への対応が再び重要課題として浮上してくることは明らかだ。仮にバイデン政権が誕生した場合、米国は欧州と歩調を合わせて厳しい環境政策を推進するだろう。

日本にとっての最重要政策は「炭素税」の取り扱いだ。炭素税は欧州で急速に導入が進められている大型課税であるが、炭素税の導入は、国内産業コストを押し上げるため、製造業の海外流出が進む結果を意図的に招くことになる。

国境炭素税調整とは、ＥＵと同レベルの排出規制を実施していない国の企業に対し、事実上の輸入関税を課す政策のことである。

２０１９年12月、フォンデアライエン欧州委員会委員長は、炭素排出に関する国境調整措置を政策手段として考える公式文書を公表している。

ＥＵは自らの環境規制によって自国企業が不利な立場に立たされないように、自国市場を利用して他国企業に負担を迫る動きを本格化させている。

ＥＵでの国境炭素税調整は過去に何度も検討されてきたものの、今回の動きは従来よりも本気度が高く、専門家会議の陣容などを充実させている。

日本政府は過去に京都議定書で一方的に不利な基準を呑まされ、日本企業に多大な負担を強いた失敗の歴史がある。

お人好しの日本政府関係者のように、欧州や米国民主党が推進する政策を簡単に信じてはならない。彼らが他国に推奨する「これはよいことなので」というポリティカルコレクトネスを鵜呑みにして、自国が不利益な立場に追いやられることなど、あってはならないのである。

したがって、炭素調整税のような不合理な税制の導入を頓挫させるため、可能であれば米国共和党だけでなく中国にも協力させて骨抜きにするよう努力すべきだ。その主導権を握るための提言を堂々と推進する自国ファーストの研究機関が必要だ。

中国は強力な政治力を活用して、パリ協定などの各種規制強化策を事実上免れる試みに成功している。

国際社会に「公益」など存在せず、存在するのは、「自国の利益を追求する各国の姿」だけである。

日本政府は国際機関で働く日本人を増加させていくことに躍起のようだが、勘違いしたポリコレ国際人材を育成し続けるのではなく、自国のために働く人材を輩出するべきだ。

本当に日本人が自国にとって正しいことを進めたいのであれば、まず日本国自体が意志を持ち、情報面で強くなり続ける必要がある。

日本製造業回帰研究センターは、米国の対中動向を、微に入り細に入り観察するとともに、欧米のポリティカルコレクトネスに毒された弱日政策の無力化を図ることが主要任務になるだろう。

国際社会に通用する近代政党の設立

2020年8月28日、安倍総理は体調不良を理由に、辞任の意志を発表した。政権任期を残り1年程度残した中での退任となったわけだが、日本では「安倍首相の代わりがない」という主張がたびたび繰り返されながら、在任期間は歴代最長に達する政権となった。

筆者は、安倍政権自体にはよい点・悪い点の両面が存在していたと思う。だが、安倍政権時代とは、日本の政治にとって極めて不幸な時代であったことは間違いない。なぜならこの時代は、日本人が安倍政権以外の有力な政権選択肢を持ち得なかった時代でもあるからだ。

7年以上もの間、安倍政権に伍するだけの健全な野党が存在しなかったことにより、国民は国の進路を考える機会をことごとく奪われてしまった。

そして、日本人の多くは政治的な想像力を事実上失ってしまっており、安倍政権以外、政権が代わった場合に何が起きるかすら想像することが難しい状況になっている。

首相官邸への権力集中が進んだ結果、現在の自民党は、政治家の政策能力と関係なく、家柄や人間関係でポストが割り振られるようになっている。

自民党の知恵袋とされてきた官僚機構の劣化も著しく、危機管理対応どころか、森友学園事件に見られるような公文書管理や巨額発注管理（イージスアショア）などのマネジメントすら碌《ろく》にできなくなっている。

にもかかわらず、安倍政権を維持できた理由は、野党が「政党の体すら成していない」というお寒い政治事情を反映しているからに過ぎない。

筆者が求める新たな政治的な選択肢は、日本国内に存在する無価値な政党群ではないことは確かだ。

今、日本に必要な政党とは、世界第3位の経済力を持つ日本国を運営する能力を持った政党のことだからである。

米国には共和党・民主党の二大政党が存在するが、実は、両党の党組織自体、日本人が想像するほど強力なものではない。

しかし、共和党・民主党ともに、事実上、外部のシンクタンクを自らの政策調査機能として活用しており、開放型政策立案のスタイルを取ることで、常に、世界中から最高の政策アイデアを採用できる体制を整備している。

米国の政党は常に新たな選択肢が供給される仕組みと環境を巧みに作り上げている。

米国の二大政党政治では、敵対する政党がお互いに最高のアイデアを提示する競争を前提としており、そのような競合関係を内包する政権交代の仕組みも、米国の政党の能力を高める仕組みの一つと言えるだろう。

また、民間人材と政治人材の往来も頻繁に行われるため、人材面のブラッシュアップや新陳代謝も自然と行われるようになっている。

政治の世界においても、世界中から最高の人材を集めて最先端のアイデアを得るのは「国際政治の主導権を得る」ことと同義である。

つまりそれは、世界を相手に「政治的な議題」を設定する能力を独占することを意味しており、そのメリットは計り知れない。

それらのアイデアは国内政策のイノベーションを誘発するため、自国の経済・産業の国際競争力を保つためにも極めて有効な仕組みと言える。

一方、世界第2の大国である中国は、中国共産党による一党独裁政権の支配体制下にある。中国という国家は、中国人民が統治する国民国家ではなく、中国共産党が支配する領域を定義したものに過ぎない。

しかし、中国共産党は自身による支配を永続化させるため、熾烈な内部競争を繰り返させて、極めて優れた人材を積極的に登用している。

中国共産党の中には競合するシンクタンク機能が存在しており、実は政策アイデアを巡る政治競争が党内で積極的に行われている。そこでは、国家（＝党）の安全保障を実現し、経済強国に導く方法が常に模索されているのだ。

地方幹部にとっても治安を維持し、経済成長を実現することは至上命題であり、そのための政治競争は熾烈だと言える。共産党幹部と企業幹部の多くは事実上重複しており、政党としての経済的な情報収集力・実行力は極めて高い。

人権侵害や政治腐敗に関する問題があるものの、全世界に張り巡らされた中国共産党の情報網も含めて、中国共産党が有する組織力・統治力は、やはり近代政党の在り方の一つと見なすことができる。

日本の場合、自由主義・民主主義陣営の一翼として、近代政党のモデルとして中国共産党と同じスタイルの政党を採用することは不可能である。したがって、米国などの西側陣営の近代政党の在り方を志向するべきだろう。

日本という国家は国民の高い見識によって支えられて発展してきた国家である。明治初期に議会制民主主義を積極的に導入するとともに、日本全国で地場産業の基礎を築く企業家が多く生まれた。

当時、市井の日本人は国内外の情報を集めて、世界各国の軍事動向や世界市場状況を把握し、適切な判断を行うといった、驚くべき能力を発揮していた。これは全国各地に遺されている、市井の人々の勉強会などの資料を見ればわかることだ。

戦後、日本国民は東側のプロパガンダに与《くみ》することなく、西側陣営の一員であることを選択し続けた。そして、多くの企業家を輩出して、米国などの世界市場で勝ち抜く道を切り開いてきた。

通産省が主導した産業政策はことごとく失敗したが、優秀な民間人の奮起は、日本の企業を世界に冠たるものにまで育て上げたのだった。


日本国民は世襲政治家や官僚らのエスタブリッシュメントに依存することなく、国民の不断の努力で国家の発展を遂げてきた国民性を有する。

したがって、その日本国民の能力を最大限に発揮するため、既得権層を打破し、国民の総力を発揮できる仕組みを持った近代政党が生まれることは極めて重要である。

党組織として優れた人材を採用・育成し、国内外に開かされた情報網を有し、常にアイデアを重視して実践する。

そのための近代政党としての仕組みを内包する、日本の経済規模に見合った能力を持つ政党が必要なのである。

世界の大国である日本が、それに相応しい政治力を持たせることは、後に生きる子々孫々に対して現代に生きる日本人に課せられた使命だと言えるだろう。

本書は現在の米国政局情勢を分析し、選挙後に発生するシナリオについて考察を加えたものだ。「トランプか、バイデンか」は、全世界の人々の未来に対して、甚大な影響を与える選択である。その選択は僅《わず》か3・3億人の米国人によって行われることになる。これは「世界77億人の命運が、全人口の3・9％に過ぎない米国人有権者の選択に握られている」と言い換えることもできる。有権者登録をした実際の投票者はさらに少ない。それだけ米国の政治・選挙に関わる人々の責任は重い。政府に依存することなく、国民としての自由を愛する人々が、世界最大の民主主義国のマジョリティであり続けることは、地球の裏側に位置する日本で生きるわれわれにとっても重要なことだ。

筆者は米国政治の分析に際して、なるべく自分自身の人脈や思想から離れた中立的な観点から行うように努めている。しかし、個人的な思いとしては、筆者の知己であるグローバー・ノーキスト全米税制改革協議会議長をはじめとした、米国で政治改革のために戦う共和党保守派の同志諸兄の武運長久を祈っていることに変わりない。彼らの「国を思う気持ち」に嘘偽りはなく、その青雲の志は米国の繁栄を支えているものと信じている。

日本は増大する中国の影響力に対し、東アジアにおいて真正面から対峙する自由主義・民主主義国である。そのわれわれが世界に対して担っている責任も、極めて重いものだ。われわれは世界中の自由を愛して守ろうとする人々の範を示す存在であることが求められる。筆者が米国の友人らの奮闘を見ているように、彼らもまた日本で戦うわれわれの姿を見つめている。日本人は自由のために戦うことができる意志を持っているのか、その覚悟が世界から問われているのだ。われわれは持ち得る能力・知識・行動力を活用し、自らの存在意義を世界に示す絶好の好機の中にいる。

今、筆者自身は日本の中に多くの同志を得ることに恵まれており、本書の出版も含めて、世に自らの見解を問うことができている。筆者の問いかけに対して、日本の現在と将来を担う人材が新たに立ち上り、そして共に日本の行く末を決める道を歩むことを望んでいる。

本書の執筆にあたり、すばる舎の吉田真志氏には完成まで本当にお世話になった。進行が遅れて多大なご迷惑をおかけする筆者を辛抱強く励ましてくださったことに感謝したい。本書を書き上げるという素晴らしい機会を与えてくださった同氏に御礼申し上げる。

2020年8月吉日

渡瀬　裕哉

■カバー写真
・Max Goldberg「Trump CAUCUS (24471521350)」2016 Creative Commons Attribution-Share Alike 2.0 Generic
・Digital Campaign Manager Doug Jones for Senate「Vice President Joe Biden speaks of Doug Jones chasing the KKK to the gates of hell.」2017 Creative Commons Attribution-Share Alike 4.0 International license.

■本文写真・図版出典
・020：Shealah Craighead「Donald Trump official portrait (cropped)」2017 public domain
・020：David Lienemann「Official portrait of United States Vice President Joe Biden in his West Wing Office at the White House.」2013 public domain
・033：D. Myles Cullen「Mike Pence official Vice Presidential portrait」2017 public domain
・039：Monica King「James Mattis official photo」2017 public domain
・039：U.S. Dept. of Education「Betsy DeVos official portrait」2017 public domain
・057：The White House「Rush Limbaugh February 2020」2020 public domain
・059（右）：The White House from Washington, DC「President Trump's First 100 Days- 26」2017 public domain
・059（左）：Voice of America「Latinos for Trump 2016 RNC」2017 public domain
・060：Unknown author「Nancy Pelosi 2012」2012 public domain
・061：Elvert Barnes「145.Rally1. Womens March. Baltimore MD.20 January2018」2018 Creative Commons Attribution-Share Alike 2.0 Generic license
・061：Georgia National Guard「Atlanta Police and Black Lives Matter detail, from- Hold the Line - 49964334728 (cropped)」2020 Creative Commons Attribution 2.0 Generic license.
・064：United States Department of Housing and Urban Development「Ben Carson official portrait as HUD secretary」2017 public domain
・068：Gage Skidmore「Grover Norquist by Gage Skidmore 2」2011 Creative Commons Attribution-Share Alike 3.0 Unported license.
・069：Gage Skidmore「Bernie Sanders in March 2020」2020 Creative Commons Attribution-Share Alike 2.0 Generic
・069：Franmarie Metzler「Alexandria Ocasio-Cortez Official Portrait」2018 public domain
・071：US Government「Mark Meadows, Official Portrait, 113th Congress」2012 or 2013 public domain
・073：Unknown author「Rust-belt-map」2007 Creative Commons Attribution-Share Alike 3.0 Unported
・074：Derfel73;Theshibboleth「Sun belt」2011 Creative Commons Attribution-Share Alike 3.0 Unported
・075：U.S. Senate Photographic Studio「Ted Cruz senatorial portrait」2019 public domain
・075：US Government「Beto O'Rourke, Official portrait, 113th Congress」2012 public domain
・078：U.S. Senate Photographic Studio-Rebecca Hammel「Edward Markey, official portrait, 114th Congress」2013 public domain
・079（上）：Pew Research Center「Increased support for prioritizing policies on the environment, climate change since 2011」『How Americans see climate change and the environment in 7 charts』APRIL 21, 2020
https://www.pewresearch.org/fact-tank/2020/04/21/how-americans-see-climate-change-and-the-environment-in-7-charts/
・079（下）：Pew Research Center「Partisans at odds over effects of climate policies on environment, economy」『How Americans see climate change and the environment in 7 charts』APRIL 20, 2020
https://www.pewresearch.org/fact-tank/2020/04/21/how-americans-see-climate-change-and-the-environment-in-7-charts/

・080：European Parliament「Greta Thunberg urges MEPs to show climate leadership」2020 Creative Commons Attribution 2.0 Generic
・080：Charles Edward Miller「Chicago Sunrise Movement Rallies for a Green New Deal Chicago Illinois 2-27-19 6317」2019 Creative Commons Attribution-Share Alike 2.0 Generic license.
・084：White House「John R. Bolton official photo」2018 public domain
・087：Pew Research Center「About two-thirds of veterans say the way in Iraq was not worth fighting」『MAJORITIES OF U.S. VETERANS, PUBLIC SAY THE WARS IN IRAQ AND AFGHANISTAN WERE NOT WORTH FIGHTING』JULY 9, 2019
https://www.pewresearch.org/fact-tank/2019/07/10/majorities-of-u-s-veterans-public-say-the-wars-in-iraq-and-afghanistan-were-not-worth-fighting/
・092：White House「Karl Rove」2017 public domain
・094：NIAID「Anthony S. Fauci, M.D., NIAID Director」2007 Creative Commons Attribution 2.0 Generic license.
・102：Rickmouser45「George Floyd Memorial in Portland, Oregon.」2020 Creative Commons Attribution-Share Alike 4.0 International license.
・107：RealClearPolitics「General Election: Trump vs. Clinton」2016
https://www.realclearpolitics.com/epolls/2016/president/us/general_election_trump_vs_clinton-5491.html
・108：RealClearPolitics「General Election: Trump vs. Biden」2020
https://www.realclearpolitics.com/epolls/2020/president/us/general_election_trump_vs_biden-6247.html
・110：Sarah Mathey「CYCLE-TO-CYCLE COMPARISON」『July '20 Recap』ActBlue blog August 11, 2020
https://blog.actblue.com/2020/08/11/july-20-recap/
・124：Unknown author「Michael T Flynn」Defense Intelligence Agency website 2012 public domain
・124：United States Attorney's Office, District of Connecticut「John H. Durham」2018 public domain
・125：Kristie Boyd「Ilhan Omar, official portrait, 116th Congress」20182 public domain
・127：Office of Senator Kamala Harris「Official headshot of United States Senator Kamala Harris (D-CA)」2017 public domain
・128：Online Guide to House Members and Senators「113th Congress official portrait of Congresswoman Karen Bass (D-California)」2013 public domain
・128：United States Congress「United States Congresswoman Michelle Lujan Grisham」2013 public domain
・128：Renee Bouchard「Official portrait of U.S. Senator Tammy Duckworth (D-Illinois)」2017 public domain
・129：Phi Nguyen「Val Demings, Official Portrait, 115th Congress (cropped)」2017 public domain
・129：United States Senate「Official portrait of U.S. Senator Elizabeth Warren (D-MA)」2016 public domain
・155：Office of Management and Budget「Vishal Amin」2017 public domain
・161：VOA「Bob Fu」2015 public domain
・170：Gregory Jones「Michele Flournoy official portrait」2009 public domain
・171：US State Department「Antony Blinken」2015 public domain
・175：United States Department of State「Mike Pompeo official photo」2018 public domain
・184：著者提供

【著者紹介】
渡瀬 裕哉（わたせ・ゆうや）

パシフィック・アライアンス総研所長
国際政治アナリスト、早稲田大学招聘研究員
1981年生まれ。早稲田大学大学院公共経営研究科修了。機関投資家・ヘッジファンド等のプロフェッショナルな投資家向けの米国政治の講師として活躍。創業メンバーとして立ち上げたIT企業が一部上場企業にM&Aされてグループ会社取締役として従事。同取締役退職後、日米間のビジネスサポートに取り組み、米国共和党保守派と深い関係を有することからTokyo Tea Partyを創設。全米の保守派指導者が集うFREEPACにおいて日本人初の来賓となった。また、国内では東国原英夫氏など、自治体の首長・議会選挙の政策立案・政治活動のプランニングにも関わる。主な著作として『日本人の知らないトランプ再選のシナリオ』（産学社）、『トランプの黒幕 日本人が知らない共和党保守派の正体』（祥伝社）『なぜ、成熟した民主主義は分断を生み出すのか』（すばる舎）『メディアが絶対に知らない2020年の米国と日本』（PHP）がある。

2020年大統領選挙後の世界と日本
〝トランプorバイデン〟アメリカの選択

2020年9月26日　第1刷発行

著　者――渡瀬裕哉
発行者――徳留慶太郎
発行所――株式会社すばる舎
〒170-0013 東京都豊島区東池袋3-9-7 東池袋織本ビル
TEL　03-3981-8651（代表）03-3981-0767（営業部直通）
FAX　03-3981-8638
URL　http://www.subarusya.jp/
振替　00140-7-116563
印　刷――株式会社シナノ

ISBN978-4-7991-0921-2